# Il Segreto della Pace Interiore

# Il Segreto della Pace Interiore

Discorsi sulla Spiritualità
di
Swami Ramakrishnananda Puri

Mata Amritanandamayi Center, San Ramon
California, Stati Uniti

# Il Segreto della Pace Interiore
Discorsi sulla Spiritualità di Swami Ramakrishnananda Puri

Pubblicato da:
Mata Amritanandamayi Center
P.O. Box 613
San Ramon, CA 94583
Stati Uniti

—————————— *The Secret of Inner Peace (Italian)* ——————————

Copyright © 2007 Mata Amritanandamayi Center, P.O. Box 613 San Ramon, CA 94583, Stati Uniti

Tutti i diritti riservati. Ogni riproduzione, archiviazione, traduzione o diffusione, totale o parziale, della presente pubblicazione, con qualsiasi mezzo, con qualsiasi scopo e nei confronti di chiunque, è vietata senza il consenso scritto dell'editore.

Prima edizione a cura del MA Center: agosto 2016

In Italia: www.amma-italia.it

In India:
inform@amritapuri.org
www.amritapuri.org

# Dedica

*Amma, la mia vita non è più vuota.
Sono colmo di una profonda pace.
Sapere che i tuoi sacri piedi
sono profondamente impressi nel mio cuore
porta lacrime di gioia ai miei occhi.*

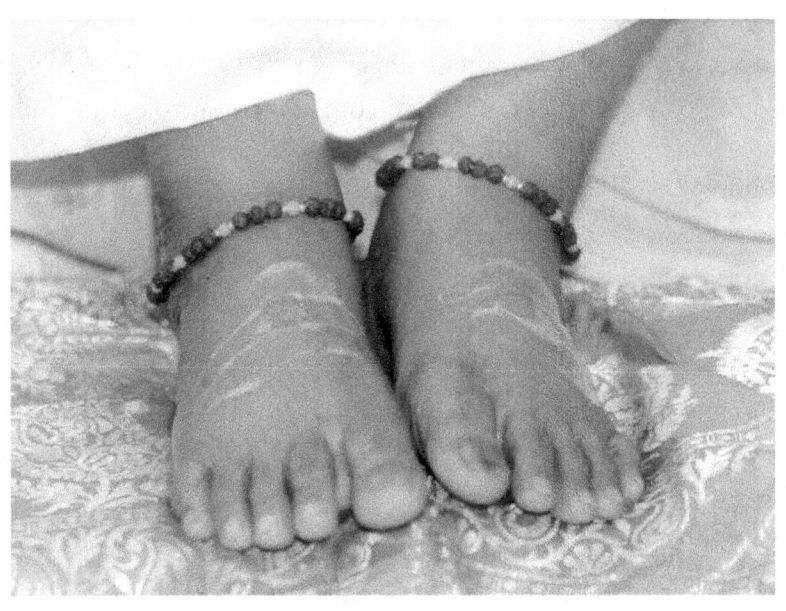

*Offro umilmente questo libro ai piedi di loto
del mio amato Satguru,
Sri Mata Amritanandamayi Devi*

# Indice

| | |
|---|---|
| *Prefazione* | *7* |
| *Introduzione* | *9* |
| *La vita di Amma raccontata da lei* | *13* |
| Capitolo 1. Coltivare una mente sana | 19 |
| Capitolo 2. Soggetto e oggetto | 27 |
| Capitolo 3. Ecco l'essere umano: ottenere il massimo dalla vita sulla terra | 37 |
| Capitolo 4. Focalizzarsi sul Sé | 47 |
| Capitolo 5. Esistenza, coscienza, beatitudine | 55 |
| Capitolo 6. "Cambia mente, per favore!" | 63 |
| Capitolo 7. Sensi e sensibilità: come tenere sotto controllo la mente e volgersi all'interno | 73 |
| Capitolo 8. Trascendere il desiderio | 79 |
| Capitolo 9. La vita oltre la morte | 87 |
| Capitolo 10. Ristrutturare il nostro DNA spirituale | 95 |
| Capitolo 11. Dare e sacrificarsi | 107 |
| Capitolo 12. Dalla rabbia alla compassione | 115 |
| Capitolo 13. Il miracolo più grande è un cambiamento del cuore | 125 |
| Capitolo 14. Parlare con Dio | 139 |
| Capitolo 15. Sannyasa è una condizione della mente | 149 |
| Capitolo 16. Non fermatevi finché la meta non sarà raggiunta! | 161 |
| Capitolo 17. Una speranza per il mondo | 171 |
| Capitolo 18. Elevarsi nell'amore | 185 |
| *Glossario* | *194* |

# Prefazione

L'anno scorso, quando iniziai a scrivere *La vita benedetta*, sembrava che avrei avuto molto tempo a disposizione per terminarlo prima del momento deciso per la sua uscita, il giorno del 52° compleanno di Amma. Poi, però, uno dopo l'altro, cominciarono a verificarsi diversi avvenimenti. Dovetti visitare molti campi di soccorso realizzati dopo lo tsunami nel Tamil Nadu e in Sri Lanka, tenere incontri spirituali in alcune scuole e college di Amma in diverse parti dell'India del Sud e, oltre a ciò, stavo per recarmi in Sud America per parecchio tempo. Pochi giorni prima della partenza, dissi ad Amma che mi sembrava impossibile poter ultimare il libro in tempo. A queste parole, Amma rispose: "Non ti preoccupare". Pensai che Amma probabilmente intendeva di non preoccuparmi se non fossi stato in grado di finire il libro, ma compresi che poteva anche significare di non preoccuparmi perché lei mi avrebbe aiutato a portare a termine il progetto. Con ottimismo scelsi di credere alla seconda interpretazione. Parlai di questo al brahmachari che mi stava assistendo nella stesura del libro, che commentò: "Swamiji, sarei d'accordo con lei se stesse scrivendo un articolo, ma poiché, dopotutto, si tratta di un libro, io propenderei per l'interpretazione di non preoccuparsi di finire il libro, e concentrarsi invece sugli altri progetti".

Tuttavia, con la grazia di Amma, fui in grado di finire il libro la notte prima di partire per il Sud America. Mentre stavo scrivendo le frasi conclusive, mi vennero alla mente i seguenti versi della *Gita Dhyanam*:

mūkaṁ karoti vācālaṁ
paṅguṁ laṅghataye giriṁ
yat kṛpā tam ahaṁ vande
paramānanda mādhavaṁ

*Mi inchino a Madhava,*
*fonte di suprema beatitudine,*
*la cui grazia fa sì*
*che i muti diventino eloquenti oratori*
*e che gli zoppi scalino montagne.*

Oggi, penso che queste parole siano appropriate anche per la stesura del presente libro, che è stato scritto in tempi altrettanto limitati e in presenza di anche maggiori ostacoli. Il fatto che lo teniate tra le mani è un esclusivo tributo alla grazia di Amma, della quale ho sempre aspirato a diventare un puro strumento.

*Swami Ramakrishnananda Puri*
*Amritapuri*
*27 settembre 2006*

# Introduzione

Una volta, un uomo udì una celebrità della radio dichiarare: "Il modo per raggiungere la pace interiore è quello di finire tutte le cose che avete cominciato e mai portato a termine". Prendendo alla lettera queste parole, l'uomo andò alla ricerca di tutto ciò che aveva cominciato e mai terminato in casa sua. Così finì una bottiglia di champagne, una confezione da sei di birra, un pacco di biscotti al cioccolato, i rimanenti tre quarti di una torta al formaggio e mirtilli, e una scatola di squisiti cioccolatini. Pensando di aver fatto una scoperta eccezionale, decise di chiamare tutti gli amici per informarli della sua nuova brillante strategia, ma prima di riuscire ad arrivare al telefono perse conoscenza e si risvegliò fissando le luci abbaglianti del pronto soccorso. Forse anche noi, come lui, cercando la via verso la pace interiore abbiamo avuto delle false partenze e imboccato strade sbagliate. Se vogliamo veramente la pace interiore, dobbiamo guardare alla vita e agli insegnamenti di coloro che l'hanno raggiunta.

Viviamo nello stesso mondo dei maestri spirituali, e nella vita incontriamo le loro stesse difficoltà, eppure essi sono sempre in pace e appagati, mentre noi ci ritroviamo agitati e insoddisfatti. Una volta, venne da Amma uno scienziato di grande successo: quando lei si informò sulla sua famiglia, l'uomo scoppiò in lacrime. Spiegò che il figlio non era stato ammesso al college, e come risultato l'uomo trascorreva notti insonni tormentandosi sul futuro del ragazzo. Sebbene lo scienziato intellettualmente fosse un gigante, gli mancava la capacità di affrontare con equilibrio le prove della vita.

Per i lettori, può essere difficile immaginare che quando ventinove anni fa incontrai Amma per la prima volta, ella vivesse all'aperto, dormendo sotto le stelle, come una "senzatetto". In verità, viveva a quel modo già da tempo. Solo alcuni anni dopo fu costruita una piccola capanna, quando ormai il primo gruppo di *brahmachari* (discepoli celibi) si era stabilito a vivere vicino a lei. A quel tempo non avrei mai immaginato che da origini così umili sarebbe emersa un'organizzazione spirituale e sociale tanto imponente, che annovera decine di milioni di persone in tutto il mondo, in grado di creare un impatto globale positivo in tanti modi diversi.

Talvolta, le persone chiedono ad Amma: "Lei ha realizzato così tanto in così poco tempo. Come considera i suoi successi?"

Amma risponde: "Non li considero affatto. Il mondo può elogiarmi o criticarmi, in ogni caso non ne sono toccata. Non sono alla ricerca di apprezzamenti o riconoscimenti. Ho già offerto me stessa al mondo e continuerò a servire l'umanità in ogni modo possibile fino al mio ultimo respiro".

Amma era in pace allora, quando non aveva né un tetto sulla testa, né un solo amico al mondo, ed è in pace adesso che è una guida spirituale e una filantropa fra le più riconosciute e rispettate del pianeta. Amma afferma che la vera conquista spirituale è l'abilità di mantenere l'equanimità mentale in tutte le circostanze: non perdere mai la pace interiore che è la nostra vera natura e vera dimora. Un pesce si può dimenare sul terreno senza sapere che molto vicino c'è dell'acqua e, come risultato, soffre. In modo simile, noi continueremo a soffrire finché non ci renderemo conto che la sorgente di tutta la pace e dell'appagamento si trova dentro di noi.

Una volta, un uomo cadde da una finestra del secondo piano. Era disteso sul selciato circondato dalla folla, quando sul posto arrivò un poliziotto che gli chiese: "Che cosa è successo?".

## Introduzione

"Non lo so", rispose l'uomo a terra. "Sono appena arrivato!".

Possiamo ridere alla follia dell'uomo, ma la nostra condizione di esseri umani non è differente. Sappiamo qualcosa di come siamo arrivati qui, da dove siamo venuti, o dove stiamo andando? Che cosa sappiamo veramente su chi siamo? Riconoscere la nostra follia è un grande passo verso la saggezza, in quanto ci renderà ricettivi alla guida di una vero maestro spirituale.

Attraverso la grazia, la guida e l'esempio della sua stessa vita, il[1] maestro spirituale ci conduce alla realizzazione che non siamo onde destinate a sfracellarci impotenti contro la spiaggia e a scomparire per sempre, ma che siamo, invece, l'oceano stesso. La beatitudine suprema e la pace eterna che stiamo cercando siamo noi, perché questa è la natura del nostro vero Sé, l'onnipervadente Coscienza Suprema: l'*Atman*.

Non è mai esistita una guida più paziente, amorevole e accessibile di Amma, e ogni sua parola, ogni sua azione, ogni suo respiro sono testimonianza di questa Verità. Osservando la vita di Amma possiamo apprendere come ricavare il meglio dalla nostra vita e imparare il segreto della pace interiore.

---

[1] Questo libro usa il genere maschile principalmente in accordo con la convenzione e per evitare la pesantezza di costruzioni del tipo 'lui o lei'. Inutile dire che Dio non è né maschile né femminile, ma trascende i generi. Nei casi in cui il contesto non indica chiaramente il genere, incluso quando ci si riferisce al guru, il pronome maschile è da leggersi come comprensivo di entrambi i generi.

# La vita di Amma raccontata da lei

*"Finché queste mani avranno forza sufficiente per tendersi verso coloro che vengono da lei e per posarsi sulle spalle di una persona in lacrime, Amma continuerà a farlo… Accarezzare amorevolmente le persone, consolarle e asciugare le loro lacrime fino alla fine di questo corpo mortale – è questo il desiderio di Amma".*

– Amma

Nata in un remoto villaggio della costa del Kerala, nell'India del Sud, Amma afferma di aver sempre saputo che oltre questo mondo di nomi e forme mutevoli esiste una realtà più alta. Fin da bambina, Amma ha sempre espresso amore e compassione per tutti. Ella dice: "Un ininterrotto flusso d'amore fluisce da Amma verso tutti gli esseri dell'universo. Questa è la sua innata natura".

Dei suoi primi anni, Amma ricorda: "Fin dall'infanzia, Amma si chiedeva perché nel mondo le persone dovessero soffrire. Perché devono essere povere? Perché patire la fame? Per esempio, nella zona dove è cresciuta Amma, la gente si dedica alla pesca e quando esce in mare ma non prende nulla, non avrà da mangiare, anche per parecchi giorni. Amma ha imparato a conoscere molto bene gli abitanti del villaggio e, osservando le loro vite e difficoltà, ha avuto numerose occasioni per capire la natura del mondo.

"Amma era solita svolgere tutti i lavori domestici, e uno di questi consisteva nel dare da mangiare alle numerose mucche e capre della famiglia. Per fare questo, ogni giorno, doveva recarsi nel vicinato, in 30 o 40 case, talvolta perfino 60, per raccogliere bucce di tapioca e avanzi simili. Ogni qualvolta visitava queste case, trovava sempre persone che soffrivano: alcune a causa della vecchiaia, altre per la povertà, altre ancora per qualche malattia. Amma sedeva con loro, ne ascoltava i problemi, ne condivideva la sofferenza e pregava per loro.

"Quando aveva tempo, Amma era solita portare queste persone a casa dei suoi genitori dove offriva loro un bagno caldo e del cibo; ogni tanto rubava perfino degli oggetti da casa sua per darli a queste famiglie bisognose.

"Amma notò che, da piccoli, i figli dipendono completamente dai genitori e perciò pregano affinché essi vivano a lungo e senza malattie. Ma una volta cresciuti, considerano i loro genitori, ormai anziani, come dei pesi e pensano: 'Perché devo fare tutto questo lavoro per i miei genitori?' Prima pregavano che i genitori potessero vivere a lungo, ma in seguito dar loro da mangiare, lavar loro i vestiti e trattarli con amore diventa un fardello. Amma continuava a chiedersi: 'Perché ci sono tante contraddizioni in questo mondo? Perché non c'è vero amore? Qual è la reale causa di tutta questa sofferenza e qual è la soluzione?'.

"Immediatamente, dall'interno sorse la risposta che la sofferenza dell'umanità è dovuta al karma delle persone, cioè al frutto delle loro azioni passate. Ma Amma non era ancora soddisfatta e ragionava in questo modo: Se la sofferenza è il loro karma, aiutarli non è forse tuo *dharma*[1]? Se qualcuno cade in una buca profonda,

---

[1] In sanscrito, dharma significa "ciò che sostiene (la creazione)". È usato con significati diversi in contesti diversi, o più accuratamente, per descrivere differenti aspetti della stessa cosa. Qui, l'interpretazione diretta più appropriata è "dovere". Altri significati includono: giustizia, armonia.

## Introduzione

è giusto continuare a camminare, dicendo: 'Oh, è il suo karma'? No, è nostro dovere aiutarlo a uscirne.

"Già dall'infanzia, Amma sapeva che solo Dio – il Sé, il Potere Supremo – è Verità e che il mondo non è la realtà assoluta, e per questo trascorreva lungo tempo in profonda meditazione. I genitori e i parenti di Amma non comprendevano quello che stava accadendo e, a causa della loro ignoranza, cominciarono a rimproverarla e a opporsi alle sue pratiche spirituali".

Ma Amma era immersa nel suo mondo, totalmente indifferente alle critiche e alle punizioni della sua famiglia. In quel periodo, Amma passava giorni e notti fuori casa, sotto il cielo aperto, dimenticando cibo e sonno; furono gli animali e gli uccelli a prendersi cura di lei, portandole del cibo e scuotendola dai suoi profondi stati meditativi.

"Facendo l'esperienza della sua unità con tutto il Creato, Amma realizzò che lo scopo della sua vita era di elevare l'umanità sofferente. Fu allora che Amma diede inizio a questa missione spirituale: ricevendo individualmente le persone diffonde il messaggio di Verità, amore e compassione in tutto il mondo".

Rapidamente, sempre più persone vollero fare l'esperienza dell'amore incondizionato e della compassione di Amma e cominciarono ad arrivare da tutti gli angoli della terra in quello che una volta era stato il sonnolento, anonimo villaggio di pescatori di Parayakadavu. Nel giro di poco, chi desiderava ricevere l'amore incondizionato di Amma dovette munirsi di un biglietto e aspettare in coda. Attualmente, Amma trascorre la maggior parte dell'anno viaggiando in tutta l'India e nel mondo per alleviare il dolore dell'umanità attraverso le sue parole e il conforto del suo abbraccio amorevole. Nel suo ashram risiedono tremila persone e altre migliaia, provenienti da tutta l'India e da tutto il mondo, vi si recano in visita ogni giorno. Residenti dell'ashram e visitatori sono ugualmente ispirati dall'esempio di Amma e si dedicano al servizio umanitario. Attraverso la vasta rete di progetti caritatevoli di Amma, essi costruiscono case per i senzatetto, distribuiscono pensioni ai poveri, forniscono cure mediche agli ammalati e, in tutto il mondo, sono in tanti a contribuire a queste imprese dettate dall'amore. Recentemente Amma ha raggiunto fama internazionale per aver donato 1 milione di dollari al Bush-Clinton Katrina Fund per i soccorsi post-uragano negli Stati Uniti, e per aver stanziato più di 23 milioni di dollari per il soccorso e la riabilitazione delle vittime dello tsunami in India, in Sri Lanka e nelle isole Andamane e Nicobare. Quando un giornalista ha chiesto ad Amma come potesse impegnare una somma così ingente per i soccorsi del dopo-tsunami, Amma ha risposto: "La mia ricchezza sono i miei figli". Non stava parlando solamente dei brahmachari e degli altri residenti dell'ashram che lavorano più di 15 ore al giorno, senza ricevere alcun salario, dediti ad aiutare il maggior numero di persone possibile, il più rapidamente possibile. Riferendosi ai milioni di suoi devoti in tutto il mondo, Amma ha infatti detto: "Ho molti figli buoni: essi fanno tutto quello che possono". Ha continuato descrivendo come perfino i bambini confezionino bambole o statuette da vendere, per dare i guadagni alla loro amata Amma. "Alcuni bambini", ha detto Amma, "quando ricevono del denaro per il loro compleanno o per un gelato, scelgono di dare quei soldi ad Amma, dicendo ai genitori che Amma può usarli per aiutare i bambini poveri. Altri bambini vengono da Amma e offrono i loro risparmi, invitandola a usarli per acquistare delle penne per gli studenti poveri. Amma non vorrebbe accettarli, poiché altri bambini che non hanno nulla da offrire potrebbero sentirsi tristi, ma quando vede la bontà dei loro cuori, non ha scelta. Il governo da solo non può fare tutto. Questi bambini darebbero il denaro al governo con lo stesso amore con il quale lo consegnano ad Amma?".

Amma è stata insignita di onorificenze internazionali: il Centennale del Parlamento delle Religioni del Mondo l'ha nominata Leader della Fede Induista; ha tenuto il discorso ufficiale al Summit del Millennio per la Pace nel Mondo delle Nazioni Unite e, nel 2002, ha ricevuto il premio Gandhi-King per la Non-Violenza. Più recentemente, Amma – insieme al Premio Nobel 2005 per la Pace, Mohamed ElBaradei – ha ricevuto, da parte dell'Interfaith Center di New York, il Premio Interreligioso James Parks Morton per il suo ruolo di eccezionale guida spirituale e umanitaria. Nel conferirle il premio, l'Interfaith Center ha citato in particolare il massiccio intervento di soccorso del suo ashram in seguito allo tsunami del 2004. Mentre le consegnava il premio, il Reverendo James Parks Morton ha detto ad Amma: "Lei incarna tutto quello per il quale noi ci battiamo".

"Alla fine", dice Amma, "l'amore è la sola medicina che può guarire le ferite del mondo. In questo universo, è l'amore che tiene insieme ogni cosa. Quando questa consapevolezza sorgerà in noi, cesserà ogni disarmonia e nei cuori regnerà soltanto la pace". ❖

## Capitolo 1

# Coltivare una mente sana

*"Le difficoltà rinforzano la mente,
proprio come la fatica rinforza il corpo".*

— Seneca

Quando quasi vent'anni fa, Amma iniziò a visitare il Giappone, gli Stati Uniti e molti altri paesi industrializzati, io ero uno del piccolo gruppo di discepoli che la accompagnarono. Era la prima volta che lasciavo l'India, e fui molto impressionato da quello che vidi. Tutti possedevano computer, aspirapolvere, lavatrice – alcuni avevano già un telefono cellulare. Naturalmente adesso anche l'India è una nazione in rapido sviluppo, ma a quei tempi per me oggetti simili erano sorprendenti. Osservando lo sviluppo tecnologico e i comfort materiali così diffusi nella società occidentale, pensai: "Questo è veramente il paradiso". Pensavo persino che non fosse necessario che Amma si recasse in occidente, perché alla gente sembrava non mancare niente.

Ma quando cominciò il *darshan*[1], le persone iniziarono a raccontare ad Amma i loro problemi. Spesso io facevo da traduttore, e

---

[1] Letteralmente, "vedere". È usato tradizionalmente quando si parla dell'incontro con una persona santa, della vista di un'immagine di Dio, o di una visione di Dio. In questo libro, la parola darshan si riferisce all'abbraccio materno di Amma. Amma ha detto del suo darshan: "Gli abbracci e i baci

nell'udire le loro tribolazioni – dipendenza dalle droghe, gravidanze di adolescenti, divorzi multipli, depressione – rimasi sbalordito. Prima di venire in occidente avevo pensato che "depressione" fosse un fenomeno meteorologico o una recessione economica. Non avevo mai incontrato qualcuno che andasse dallo psicologo; in occidente, scoprii che perfino i cani avevano il proprio psicologo personale. Ricordai le parole del filosofo occidentale Jean Paul Sartre, che commentava: "Abbiamo capito tutto, eccetto 'come vivere'". Non c'era dubbio che la gente in questi paesi conducesse una vita esteriore confortevole, ma internamente attraversava una grande inquietudine. L'amore di Amma era un balsamo necessario ai loro cuori feriti, e la sua guida spirituale dava loro la forza e la fiducia indispensabili per andare avanti nella vita.

Per gioire di una vita serena, abbiamo bisogno di assorbire e mettere in pratica i princìpi spirituali. Questo significa abbandonare gli attaccamenti e le aspettative e comprendere la natura mutevole del mondo e delle persone.

Molti pensano che la spiritualità sia una piacevole filosofia senza rilevanza per le necessità pratiche della vita quotidiana. Potremmo chiederci che rapporto ci sia tra la spiritualità e la nostra vita di tutti i giorni. Supponiamo di esserci infettati una gamba e di avere bisogno di una iniezione di antibiotici; il medico non dovrà necessariamente infilare l'ago nella gamba, ci farà semplicemente un'iniezione nel braccio e noi non protesteremo: "Dottore, il problema è la gamba, perché fa l'iniezione nel braccio?", perché sappiamo che la medicina raggiungerà la gamba infetta tramite il sangue. In modo simile, sebbene le pratiche spirituali sembrino

di Amma non devono essere considerati ordinari. Quando Amma abbraccia o bacia qualcuno, si tratta di un processo di purificazione e di guarigione interiore: Amma trasmette ai suoi figli una parte della propria pura energia vitale, ed essi fanno anche l'esperienza del vero amore incondizionato. L'abbraccio di Amma può facilitare il risveglio della nostra energia spirituale assopita, che porterà, alla fine, alla meta suprema della realizzazione del Sé".

## Coltivare una mente sana

non avere nulla a che fare con i problemi della vita quotidiana, in verità vi sono strettamente connesse. È la spiritualità che prepara la nostra mente ad affrontare le varie prove della vita. Proprio come una medicina viaggiando nel sangue raggiunge tutto il corpo, così la medicina della spiritualità viaggia attraverso la mente e ha un effetto benefico su ogni aspetto della nostra vita.

Se osserviamo attentamente, vediamo che la nostra vita consiste in una serie di varie esperienze, possibili solo a causa della mente. Se la mente non è funzionante, non sperimentiamo nulla. Per esempio, durante il sonno profondo, sebbene il mondo continui a esistere e le persone parlino e ridano e molti eventi accadano in nostra presenza, noi non ne siamo consapevoli, perché la mente non sta funzionando. È solo al risveglio che facciamo l'esperienza del mondo.

Poiché tutte le nostre esperienze sono percepite dalla mente, è importante che essa sia forte e sana. Esiste un detto: "Così la mente, così l'uomo", o, naturalmente, la donna. Per esempio, se sono un ballerino e il palcoscenico su cui sto danzando è instabile, anche l'esibizione risulterà incerta. In modo simile, la nostra mente è il palcoscenico sul quale si sta svolgendo il dramma della vita. Se è instabile, la nostra vita lo rifletterà, mentre se è ferma e sana, la nostra vita sarà relativamente felice e serena. È la mente a renderci felici o infelici, pacifici o tesi, ed è la comprensione spirituale ad aiutarci a coltivare una mente in buona salute, e quindi a sperimentare maggior pace e appagamento nella vita, nonostante la natura mutevole del mondo che ci circonda.

C'è la storia di una donna ricca che perse tutto il suo denaro in un affare. Dopo aver confidato al suo amante di essere completamente al verde, gli chiese: "Mio caro, mi amerai ancora, sapendo che non sono più ricca?".

"Certamente, dolcezza", l'assicurò il suo amante. "Ti amerò sempre, anche se probabilmente non ti rivedrò mai più!".

Questa è la natura del mondo. Chi ci ama oggi potrà abbandonarci domani. Non sempre avremo quello che ci aspettiamo, anzi spesso ci arriverà proprio quello che non desideriamo. Oggi forse siamo il ritratto della salute, per scoprire domani di aver sviluppato una malattia degenerativa. Evidenziando queste verità, la spiritualità ci prepara ad accettare con equanimità le diverse situazioni che la vita ci presenta.

Amma dice che potremo avere perfino più esperienze brutte che belle. La ricchezza della nostra vita non è determinata dal numero di esperienze piacevoli che abbiamo, ma dal modo in cui gestiamo le esperienze spiacevoli o impegnative. Talvolta, per prevenire o curare una malattia, dobbiamo bere una medicina amara. Similmente, le esperienze piacevoli migliorano la qualità della nostra vita, ma è l'affrontare bene le difficoltà che ci aiuta a sviluppare forza interiore.

C'è una storia di un certo giullare di corte che un bel giorno esagerò e insultò il suo sovrano. Il re furioso lo sentenziò a morte. La corte implorò il re di avere pietà per quell'uomo che lo aveva servito bene per molti anni. Ma il re accondiscese soltanto a questo: avrebbe accettato che fosse il giullare a scegliere come morire. Prendendolo alla lettera, il giullare replicò: "Se per voi fa lo stesso, mio signore, vorrei morire di vecchiaia!".

Ogni situazione della vita si presenta a noi con una chiara scelta. Possiamo reagire, spinti dall'ego, dalle passate esperienze, dagli attaccamenti e dalle emozioni negative, oppure possiamo rispondere, motivati dalle nostre qualità positive come l'amore, la compassione, la pazienza e la gentilezza. In una data situazione, la chiave per rispondere, anziché reagire, è rappresentata dall'accettazione. Quando accettiamo la situazione così com'è, cominciamo a vedervi le lezioni e le opportunità nascoste, e possiamo rispondere di conseguenza. La maggior parte di noi, al contrario, è incline a reagire, con il risultato di sentirsi frustrata, arrabbiata o depressa. La nostra vita dunque finisce col diventare una serie di reazioni, punteggiata da alcuni momenti di pace nei quali le cose vanno temporaneamente in accordo con le nostre aspettative. In verità, abbiamo costantemente dei problemi, ma tra un problema e l'altro, quando abbiamo solo problemi minori, diciamo che le cose vanno bene.

C'era un bambino di dieci anni il cui hobby preferito erano le arti marziali. Un giorno si trovò coinvolto in un terribile incidente d'auto nel quale il braccio sinistro fu ferito tanto da dover essere amputato. Avrebbe potuto reagire in modo negativo a questa disgrazia e alla necessità di abbandonare le arti marziali per sempre; invece, continuò le sue lezioni, e il maestro di judo decise di insegnargli uno stile di judo che poteva essere praticato con un braccio solo.

Dopo tre mesi, però, il bambino aveva imparato un solo movimento e così chiese al maestro di insegnarli qualche altra mossa. Il maestro di judo gli confidò che quella era l'unica mossa che avrebbe avuto bisogno di conoscere.

Poco dopo, il ragazzino partecipò a un torneo. Sembrava in svantaggio: il suo avversario aveva due braccia, era più grosso e possedeva maggiore esperienza. Ma quando il bambino ebbe la sua occasione, la colse al volo e bloccò il ragazzo più grande usando la mossa che aveva imparato dal suo insegnante.

Sulla via del ritorno, il bambino chiese al suo insegnante: "Come ho fatto a vincere conoscendo una mossa sola?".

Il maestro rispose: "Tu hai padroneggiato una delle mosse più difficili di tutto il judo. La sola difesa contro questa mossa è che l'avversario ti afferri per il braccio sinistro".

Dal momento che questo bambino aveva scelto di rispondere positivamente alla perdita del braccio, anziché reagire in modo negativo, trovò che almeno nelle arti marziali la sua maggiore debolezza era diventata la sua forza più grande.

In tutte le circostanze della vita, anche noi possiamo scegliere di rispondere, piuttosto che reagire, proprio come questo bambino. Abbiamo la libertà di farlo, ma per la maggior parte del tempo, involontariamente, ce ne dimentichiamo, pensando che la vita ci abbia assegnato una cattiva mano di carte.

I lettori conoscono probabilmente gli aneddoti sulla stretta disciplina che la madre di Amma, Damayanti Amma, le imponeva quando era bambina. Damayanti Amma le insegnò che se le fosse capitato di pestare un pezzo di carta straccia, avrebbe dovuto toccarlo e subito dopo toccarsi anche gli occhi in segno di rispetto, perché ogni forma di carta rappresenta Saraswati, la dea della conoscenza. Avrebbe dovuto fare la stessa cosa se calpestava la soglia di casa (perché conduce da un luogo ad un altro) o perfino lo sterco (perché la mucca prende poco per sé e offre tanto al mondo). Quando Amma era giovane, vigeva il costume di non accendere direttamente una fiamma in casa propria, ma di andare in un'altra casa dove era già stata accesa; nel villaggio, tutti accendevano le loro lampade da una sola lampada. Quando Damayanti Amma mandava Amma ad accendere la lampada, era solita dirle: "Se in quella casa troverai dei piatti sporchi, prima di ritornare lavali, e se la casa ha bisogno di essere pulita, prima di tornare puliscila". Se un ospite veniva a passare la notte nella sua casa, la madre di Amma la mandava a dormire in cortile, così che l'ospite avesse una stanza per sé. Gli ospiti dovevano essere nutriti per primi: Amma dice che sua madre non si preoccupava di dare da mangiare ai figli finché l'ospite non avesse mangiato abbondantemente e fosse completamente a suo agio; talvolta i bambini ricevevano soltanto dell'acqua. Se Amma stava macinando il curry per il pranzo, Damayanti Amma le proibiva di parlare fino al termine del lavoro, per paura che una goccia di saliva potesse cadere nel cibo.

Poiché la mente di Amma era profondamente immersa nei princìpi spirituali, ella fu in grado di affrontare in modo positivo una situazione apparentemente negativa, nonostante tutte le severe restrizioni. Amma afferma di non avere mai nutrito cattivi sentimenti verso sua madre. Talvolta Amma si riferisce addirittura a Damayanti Amma come al suo guru, aggiungendo: "Sebbene non avesse alcuna comprensione spirituale, fu in grado di guidarmi". Amma dice che non considerava tutte queste restrizioni diverse dalla spiritualità; pensava che regole simili aiutassero a vivere con maggiore consapevolezza. L'abilità di Amma di trovare un principio spirituale in ogni ordine di sua madre era segno che la sua mente godeva di buona salute.

Una volta, un uomo stava camminando lungo la spiaggia quando trovò sulla sabbia una lampada di ottone tutta ossidata, la raccolse e la capovolse – sembrava vuota. "Oh, perché no?", si disse, e assicurandosi che nessuno lo stesse guardando, sfregò velocemente la lampada.

Istantaneamente, un genio apparve e ringraziò l'uomo per averlo liberato. Il genio disse: "Per ricompensarti della tua gentilezza, posso esaudire un tuo desiderio, ma soltanto uno".

L'uomo ci pensò un secondo e dichiarò: "Ho sempre voluto andare alle Hawaii, ma non ci sono mai riuscito perché ho paura di volare e la nave mi fa venire il mal di mare. Dunque, desidero che sia costruito un ponte da qui alle Hawaii!".

Il genio ci pensò per qualche istante e poi disse: "No, non credo di potercela fare. Pensa solo a tutto il lavoro necessario... i piloni per sostenere la strada dovranno toccare il fondo dell'oceano. Pensa a tutto il calcestruzzo che ci vorrà! Per non menzionare i sistemi di drenaggio, l'illuminazione... No, no, è chiedere troppo. Chiedi qualcosa di più ragionevole".

L'uomo rifletté un minuto: "Va bene, che ne dici di questo? Mia moglie e io litighiamo sempre. Puoi farla cambiare, in modo che il nostro diventi un matrimonio perfetto?".

Il genio si grattò la barba, rimuginando. Alla fine guardò in su, e disse: "Okay. Questa superstrada la vuoi a due o a quattro corsie?".

Amma afferma che nella vita abbiamo la forte tendenza ad aspettarci dalle persone più di quello che possono dare. Amma paragona questo al guardare una rana e vedervi un elefante. Se ci aspettiamo che la rana sia in grado di svolgere i compiti di un elefante, resteremo profondamente delusi.

Solo la corretta comprensione dei princìpi spirituali rimuoverà le nostre irragionevoli aspettative nei confronti del mondo. Poiché Amma capisce e accetta la natura del mondo, non ha attese irrazionali su come le persone la tratteranno o su che cosa potrà ricevere dal mondo esterno. È questa chiarezza di visione che la spiritualità ci aiuta a sviluppare. Forse non saremo in grado di vedere il mondo con gli occhi di Amma, ma se contempleremo i suoi insegnamenti e seguiremo il suo esempio al meglio delle nostre possibilità, potremo senz'altro migliorare la nostra percezione. Questo ci aiuterà a godere di maggiore pace e appagamento nella nostra quotidianità, e a rimanere focalizzati sulla vera meta della vita umana – la realizzazione dell'unità con Dio e con tutto il creato. ❖

# Capitolo 2

# Soggetto e oggetto

*Se non realizzerai la fonte, inciamperai nella confusione e nel dolore. Quando capirai da dove vieni, diventerai spontaneamente tollerante, disinteressato, contento, dal cuore gentile come quello di una nonna, e nobile come un re. Immerso nella meraviglia del Tao, sarai in grado di affrontare qualunque cosa la vita ti porti, e quando arriverà la morte sarai pronto.*

– Tao Te Ching

Una sera, durante la stagione delle festività indiane, nell'ashram di Amma un devoto stava facendo esplodere degli spettacolari fuochi artificiali. Il rumore era assordante. A metà dello spettacolo, una persona molto sorda uscì dalla sua stanza e chiese: "Chi sta continuando ad accendere e spegnere tutte le luci?".

Se i sensi non sono in buone condizioni, non siamo in grado di apprezzare gli oggetti dei sensi. Se la vista è povera, non riusciamo a vedere chiaramente neppure nella luce più brillante. Quando ci ustioniamo la lingua, non ci è possibile assaporare neppure la cucina più buona del mondo.

Perché un'esperienza abbia luogo, non basta che i sensi siano perfettamente funzionanti e gli oggetti dell'esperienza siano presenti. Ogni esperienza necessita di uno sperimentatore, ovvero del soggetto dell'esperienza. Questo soggetto è la mente.

A parte i sensi, dunque, ogni esperienza ha due elementi fondamentali: il soggetto e l'oggetto, la mente e il mondo che ci circonda. Se vogliamo una vita serena e armoniosa, dobbiamo tenere in considerazione entrambe le componenti dell'esperienza, il soggetto e l'oggetto. Siamo tutti capaci di cercare di migliorare gli oggetti della nostra esperienza. Siamo sempre alla ricerca del posto più piacevole per vivere, del lavoro meglio pagato, del cibo più saporito e del coniuge più attraente, ma se non facciamo niente per migliorare il soggetto della nostra esperienza – la mente – non sapremo gioire neppure degli ambienti più splendidi.[1] Amma dice che la sola differenza tra un ricco e un povero è che il ricco piange in una stanza con aria condizionata e bei tappeti, mentre il povero piange sul pavimento in terra battuta della sua capanna. Amma afferma che quello di cui abbiamo veramente bisogno è "condizionare" la mente, e che se ci riusciremo saremo relativamente in pace in qualunque luogo.

Quando la mente si connette agli oggetti del mondo esterno attraverso i sensi, si verifica un processo in tre fasi. Prima di tutto, la mente riceve uno stimolo dai sensi. Tale informazione passa poi al vaglio della mente e dell'intelletto: può allora sorgere

---

[1] Mentre la maggior parte dei filosofi occidentali considera la mente come soggetto, secondo il Vedanta la mente è anch'essa un oggetto, poiché noi siamo consapevoli della condizione della nostra mente – triste, felice, arrabbiata, calma, ecc. – e qualunque cosa di cui si sia consapevoli è un oggetto. Il Vedanta aggiunge che la mente è illuminata dall'Atman e i sensi sono illuminati dalla mente. Senza l'Atman, ovviamente la mente non può funzionare, e quando la mente non opera – per esempio durante il sonno profondo – non siamo in grado di fare esperienza di nulla, sebbene l'Atman sia comunque presente. Proprio come la luna illuminata dal sole emana la sua luce sul mondo durante la notte, così la mente, illuminata dall'Atman, a sua volta illumina i sensi. Per gli scopi di questo capitolo, tratteremo la mente come soggetto in questo specifico significato.

un'emozione, un ricordo, un desiderio o un pensiero. Alla fine, secondo il tipo di stimolo ricevuto e in base alla condizione della mente e dell'intelletto, in riposta a quello stimolo inviamo un segnale nella forma di parole o azioni.

Il primo passo per ottimizzare questo processo è di fare attenzione agli oggetti con cui i nostri sensi entrano in contatto. Almeno nel tempo libero, la maggior parte di noi ha ampia possibilità di controllare il tipo di ambiente da cui ci lasciamo circondare. Possiamo decidere di andare al cinema, in un negozio di alcolici o al ristorante; possiamo anche visitare un parco, uno zoo, una casa di cura o un centro di meditazione. Ogni ambiente provocherà in noi un impatto diverso che tenderà a produrre una corrispondente risposta da parte nostra. Ormai, la maggior parte di noi ha una idea esatta di quali ambienti producono in noi sentimenti positivi come pace, calma, amore e compassione, e quali, invece, tendono a generare sentimenti negativi come ansia, lussuria, gelosia, frustrazione e rabbia. Mantenendo una consapevolezza costante, possiamo scegliere il luogo e gli oggetti giusti con i quali i nostri sensi entreranno in contatto.

Naturalmente, anche se ci assicuriamo di ricevere stimoli positivi dal mondo esterno, non avremo ancora il controllo completo sulla mente. Perfino in un tempio o in una chiesa, potranno sorgere in noi pensieri e sentimenti negativi. Per illustrare questo punto, Amma spesso racconta il seguente aneddoto.

Ai vecchi tempi, quando Amma si recava in tour nel nord India era solita portare con sé quasi tutti i residenti dell'ashram, perché erano pochi, ma col passare degli anni, il numero di brahmachari e brahmacharini dell'ashram è cresciuto a dismisura, e ora sono così tanti che Amma non li può portare tutti con sé. Attualmente, la maggior parte dei residenti dell'ashram compie solo metà del tour. In uno di questi tour c'era un brahmachari che passava tutto il tempo libero seduto vicino ad Amma con un muso lungo. Mentre Amma dà il darshan, accanto a lei di solito l'atmosfera è molto allegra, almeno finché non arriva un devoto con una storia triste. Ma nel mezzo di tanti volti sorridenti, quello del giovane era sempre accigliato, e talvolta addirittura in lacrime. Un giorno, Amma lo chiamò al darshan e gli chiese quale fosse il problema. "Presto dovrò lasciare Amma", spiegò tra le lacrime. "Tra una settimana dovrò fare ritorno all'ashram". Il suo gruppo stava partecipando alla prima parte del tour di quell'anno.

"Ma la stessa cosa vale anche per tutti questi figli", disse Amma, indicando gli altri visi sorridenti intorno a lei. "Figlio, preoccupandoti del futuro, non sai gioire il presente. Questi figli, invece, gioiscono per tutto il tempo che trascorrono con me e, traendone il meglio, saranno felici anche quando dovranno tornare all'ashram, arricchiti dai ricordi di questi momenti preziosi".

In verità, quando il primo gruppo ritornò all'ashram e il secondo gruppo raggiunse il tour, Amma scoprì che il brahmachari triste aveva un "sosia" nel secondo gruppo. Quando chiese a questo brahmachari la ragione della sua malinconia, egli le confidò ciò che gli appesantiva il cuore: "Amma non mi ha portato con sé nella prima parte del tour". Questo pensiero lo turbò per il resto del tour, e gli rovinò l'esperienza.

In entrambi i casi, i giovani brahmachari avevano solo bisogno di adattare il soggetto – la loro mente – a gioire dell'oggetto – la loro esperienza di essere in tour con Amma.

Non possiamo sempre esercitare un controllo completo sulla situazione esterna: ci troveremo inevitabilmente ad affrontare ambienti e situazioni spiacevoli che tenderanno a fare uscire il peggio di noi. In tali circostanze, quando internamente sorge una reazione negativa, è necessario disciplinare il nostro sfogo per non ferire noi stessi o gli altri con parole e azioni.

Amma racconta la seguente storia. C'erano due fratelli che, a parte il legame di sangue, non avevano nulla in comune. Uno

## Soggetto e oggetto

dei due uomini era un criminale incallito, fuori e dentro di galera da tutta una vita, padre fannullone con tre matrimoni falliti alle spalle, intossicato senza speranza da droghe e alcool. Suo fratello, invece, era il vice-presidente di un'azienda di successo e aveva fondato nel tempo libero una campagna di alfabetizzazione per i bambini più svantaggiati della sua comunità. Sposato con la fidanzatina del liceo, avevano avuto un figlio loro e poi deciso di adottarne altri due. Colpito dalla notevole differenza, qualcuno pose la stessa domanda a ciascuno dei due fratelli: "Che cosa ti ha reso quello che sei oggi?".

Il criminale incallito si lamentò: "È tutta colpa di mio padre. Era un alcolista e aveva l'abitudine di picchiarci senza alcuna ragione. Non ci ha mai dimostrato nessun amore o affetto. Ora io sono diventato proprio come lui".

Quando la stessa domanda fu posta al vice-presidente, egli rispose: "In verità, è a causa di mio padre. La sua vita fu un fallimento sotto ogni aspetto. Io ho giurato che sarei stato diverso, che non avrei ripetuto i suoi errori. In un certo modo, gli sono grato – alla fine mi ha insegnato come *non* vivere".

Entrambi i fratelli avevano ricevuto l'input negativo di un padre violento e di un'infanzia traumatica, ma la loro risposta fu completamente diversa. Tutto dipende dalle condizioni dell'elaboratore – la mente.

Nel poema epico *Srimad Bhagavatam* c'è una storia che può far luce su questo punto. Dopo aver ricevuto la profezia che l'ottavo nato di sua sorella lo avrebbe ucciso, il re demone Kamsa fece imprigionare la sorella Devaki e suo marito Vasudeva. Ogni qualvolta alla coppia nasceva un figlio, Kamsa lo afferrava per i piedi e gli sfracellava la testa contro un blocco di pietra.

Durante l'ottava gravidanza, Devaki e Vasudeva ebbero una visione del Signore Vishnu. Il Signore disse che non appena fosse nato il loro ottavo figlio, Vasudeva avrebbe dovuto portarlo nel villaggio di Vrindavan, dove Yashoda, moglie del capo del villaggio Nandagopa, avrebbe partorito una bambina. Vasudeva doveva lasciare suo figlio con Yashoda e Nandagopa, e portare la loro figlia a Devaki. Quando Sri Krishna venne alla luce come ottavo figlio di Devaki, Vasudeva seguì alla lettera le istruzioni del Signore Vishnu.

Quando il malvagio Kamsa fu raggiunto dalla notizia che Devaki aveva avuto un altro bambino, corse nella cella della prigione dove era nato il piccolo, lo strappò dalle braccia di Devaki, afferrandolo per i piedi e si preparò a fracassargli la testa contro una roccia. All'insaputa di Kamsa, però, il bambino che stava tenendo per i piedi era in verità Yogamaya, un'incarnazione della Madre Divina. La dea si divincolò dalla stretta e cominciò a crescere di dimensione. Troneggiando nel cielo sopra di lui, Yogamaya disse a Kamsa: "Tu non puoi uccidermi, e se io lo volessi potrei uccidere te facilmente, ma colui che è destinato a toglierti la vita è vivo e sta bene e non puoi raggiungerlo. Il tuo destino è segnato".

Alcuni studiosi hanno un'altra teoria che spiega la ragione per cui Yogamaya risparmiò la vita di Kamsa. La Madre Divina è tanto compassionevole, essi suggeriscono, che proteggerà chiunque cerchi rifugio in lei. Per tradizione, toccare i piedi è un segno di abbandono, e sebbene Kamsa avesse toccato i piedi di Yogamaya soltanto con l'intenzione di ucciderla, il cuore della Madre Divina straripò di compassione per lui, e Devi gli risparmiò la vita.

Proprio come Yogamaya in questa storia, *mahatma*[2] come Amma rispondono sempre positivamente, qualunque possa essere stato l'input iniziale. Per Amma, la mente è solo uno strumento completamente sotto controllo, che mai si rompe, né funziona

---

[2] Letteralmente, "grande anima". Sebbene il termine sia attualmente usato in modo più ampio, in questo libro si riferisce a chi risiede nella conoscenza di essere tutt'uno con il Sé Universale, o Atman.

male. Ricordo una coppia che spesso parlava ad Amma dei suoi problemi matrimoniali. Il marito aveva veramente un temperamento collerico e rimproverava sempre la moglie per le loro difficoltà, ma ogni volta che si lamentava con Amma dei difetti della moglie, Amma difendeva saldamente la donna. Un giorno, l'uomo perse la pazienza, e non verso la moglie, ma verso Amma. Alzò la voce e l'accusò di non ascoltare mai il suo punto di vista, che continuò a spiegare. Amma ascoltò senza reagire in alcun modo. Alla fine egli si mise a borbottare fino a fare silenzio per poi crollare vicino alla sedia di Amma, che commentò serenamente: "Ecco, ti sei sfogato... oggi almeno non ti arrabbierai con tua moglie. Figlio, ogni qualvolta ti arrabbi, vieni a prendertela con me, per favore, anziché con tua moglie. Questo non infastidisce affatto Amma, mentre tua moglie se la prende a cuore e soffre di ferite profonde, tanto da rischiare perfino il suicidio". Pieno di vergogna per il suo sfogo e spaventato dalle possibili conseguenze, l'uomo si scusò con Amma e più tardi anche con la moglie. Dopo questo episodio, ho sentito che si è addolcito considerevolmente e che ha più pazienza con la moglie.

Ispirati dal suo esempio, molti devoti di Amma sono stati capaci di adattare il proprio atteggiamento e mentalità e rispondere in modo più favorevole alle situazioni negative. Due tra gli esempi più rimarchevoli provengono dal Gujarat. C'è un devoto gujarati la cui figlia ora vive ad Amritapuri che, prima del devastante terremoto che ha colpito il Gujarat nel 2001, viveva ad Ahmedabad con la moglie e i due figli. Tragicamente, sua moglie e il figlio persero la vita nella sciagura. In un battito di ciglia, egli perse quasi tutto. Anziché essere sopraffatto dalla disperazione e perdere la fede in Dio, però, egli si recò ad Amritapuri a cercare la guida di Amma. Durante i due giorni di viaggio in treno dal Gujarat, egli non rivelò mai il suo dolore ai compagni di viaggio, anzi, parlò con loro della vita di Amma e dei suoi insegnamenti, e sottoscrisse perfino venti nuovi abbonamenti per la rivista spirituale mensile di Amma. L'uomo e la figlia arrivarono ad Amritapuri in serata, proprio dopo che Amma era ritornata nella sua stanza alla fine dei *bhajan* (canti devozionali). Quando seppe che erano arrivati, Amma li chiamò immediatamente nella sua stanza. Una volta là, Amma li prese tra le braccia, e il suo volto rifletteva il profondo dolore dell'uomo, marito e padre, e della ragazza, figlia e sorella. Le guance di Amma erano rigate di lacrime. Alla fine, l'uomo chiese: "Amma, che cosa dobbiamo fare adesso?".

"Amma pensa che la cosa migliore è che restiate entrambi all'ashram per qualche tempo", disse. "L'ashram si prenderà cura degli studi superiori di tua figlia".

Ascoltando queste parole, l'uomo si illuminò in volto ed esclamò: "Amma, siamo veramente benedetti!".

Nonostante il lutto per la moglie e il figlio, egli non crollò sotto il peso della tragedia. Chiaramente preoccupato anche del benessere della giovane figlia, fu grato dell'opportunità di riprendersi dalla sua perdita attraverso il servizio e la pratica spirituale.

La conversazione di Amma con gli abitanti dei villaggi che ha adottato nel Gujarat dopo il terremoto, è ormai famosa tra i devoti di Amma, perché ella cita spesso quelle parole come un esempio di grande abbandono e fede in Dio. Quando Amma chiese loro come andassero le cose dopo il disastro, essi risposero: "Stiamo bene. Quello che Dio ci aveva dato, adesso ce l'ha tolto. Ma siamo felici che ora Amma sia con noi".

Nel 2001, quando il terremoto devastò molte aree del Gujarat, Amma rispose in modo analogo a come fece poi quattro anni più tardi dopo lo tsunami: inviò immediatamente medici, ambulanze, brahmachari e devoti. Nell'area di Bhuj, epicentro del sisma, dove i danni erano stati più gravi, un anno dopo il disastro l'ashram aveva completamente ricostruito tre interi villaggi per un totale di 1.200 case, oltre a scuole e sale pubbliche, cisterne d'acqua, ambulatori medici e strade, fornendo anche l'approvvigionamento dell'elettricità e le fognature.

Quando il *sarpanch* (capo villaggio) di uno dei villaggi adottati da Amma udì che il villaggio natale di Amma era stato colpito dallo tsunami, prese un treno per Amritapuri, per offrire il suo aiuto insieme ad altri nove abitanti del Gujarat.

"Quando le cose erano difficili per noi, Amma è venuta e ha ricostruito i villaggi", ha affermato il sarpanch. "Ora sono tempi duri per il villaggio di Amma, perciò è nostro dharma aiutare". Questa è la mentalità della gente di Bhuj.

Un devoto di lunga data, che trascorre la maggior parte del tempo ad Amritapuri, dovette far ritorno al suo Paese per occuparsi di alcuni urgenti problemi familiari e quindi non si trovava ad Amritapuri nel momento dello tsunami. Seguiva ansiosamente gli eventi leggendo i reportage quotidiani sul sito web dell'ashram. Tuttavia, dopo il suo ritorno in India, egli confidò di aver provato un profondo senso di impotenza per non aver potuto fare di più per aiutare personalmente a riparare i danni nell'ashram e a servire le vittime dello tsunami. Quando in seguito ritornò a casa, il suo Paese fu devastato dallo scoppio improvviso di una guerra. In verità, questo devoto aveva programmato di far rientro ad Amritapuri nei primi giorni di guerra, ma dopo aver aiutato la maggior parte dei suoi parenti a fuggire in nazioni più sicure, egli chiese la benedizione di Amma per restare nel suo Paese e servire i feriti e i senzatetto. Mentre si muoveva per le strade dilaniate dalla guerra, egli trovò il tempo di mandarci una email. "Questo è il mio tsunami", scrisse. "Sarei potuto fuggire come molti altri negli ultimi giorni ma, ricordando l'esempio di Amma, il mio cuore non può che essere profondamente toccato dal dolore e dalla sofferenza di tutte queste angosciate famiglie. Ogni qualvolta incontro qualcuno in preda alla disperazione, penso al sorriso di Amma e faccio il possibile per dargli un po' di conforto e felicità".

La sofferenza è una realtà della vita di tutti i tempi e luoghi, ma particolarmente in questa epoca non possiamo aspettarci di incontrare soltanto persone felici e situazioni pacifiche. Anche quando gli oggetti della nostra attenzione sono spiacevoli o dolorosi, se il soggetto della nostra mente si trova in buone condizioni, potremo evitare di essere sopraffatti dalla disperazione, dalla rabbia o dalla depressione, e la nostra risposta sarà a beneficio di tutti quelli che incontriamo. Con una mente radicata nei princìpi spirituali e rinforzata dalla pratica spirituale, anziché reagire automaticamente e spesso negativamente agli input che riceviamo, saremo sempre capaci di rispondere in modo positivo. ❖

## Capitolo 3

# Ecco l'essere umano: ottenere il massimo dalla vita sulla terra

*Soltanto i più saggi e i più stupidi non cambiano mai.*

— Confucio

Durante la vita, attraversiamo molte esperienze, impariamo molte cose e compiamo molte azioni. Come esseri umani, abbiamo svariate personalità – la personalità di chi fa l'esperienza, la personalità di chi conosce e la personalità di chi agisce: sono racchiusi in noi questi tre aspetti distinti.

Dal momento della nascita, cominciamo a fare esperienza del mondo attraverso i sensi. La facoltà che ci rende capaci di creare un contatto con il piacevole e lo spiacevole nel mondo intorno a noi, è l'aspetto sperimentatore della nostra personalità, che si manifesta dal primissimo momento della vita in questo mondo.

L'aspetto conoscitore della nostra personalità è quello che rende possibile la conoscenza. Siamo tutti dotati degli strumenti della comprensione, attraverso cui possiamo imparare dal mondo.

Il terzo aspetto della nostra personalità, l'agente o colui che compie le azioni, si manifesta più tardi nella vita, poiché da bambini non progettiamo né compiamo azioni intenzionalmente. Certo, gridiamo, piangiamo e combiniamo pasticci nei nostri pannoloni, ma queste non sono sequenze di azioni ben pianificate con un motivo definito, quanto, piuttosto, azioni istintive. Solo più tardi cominciamo a compiere azioni deliberate.

Tutti e tre gli aspetti della nostra personalità hanno a disposizione un vasto campo di azione: le possibilità per fare esperienze, conoscere e agire sono infatti infinite. Sfortunatamente, la durata della nostra vita è così breve che non possiamo sperimentare, apprendere e fare molto.

Considerata la quantità limitata di tempo disponibile, siamo di fronte a una scelta. A quale aspetto della nostra personalità dare priorità? Se seguiamo soltanto l'istinto, daremo certamente maggiore importanza all'esperienza, e gli aspetti della nostra personalità riguardanti il conoscere e l'agire diventeranno schiavi dello sperimentatore.

Anche quando siamo a scuola e dobbiamo concentrarci sull'apprendimento, è ovvio che diamo più importanza alle esperienze piacevoli. Per esempio, la maggior parte di noi dà primaria importanza ai corsi di studio che ci aiuteranno a guadagnare più denaro possibile. Questa tendenza continuerà per tutta la vita.

Una volta, un uomo andò in libreria per cercare un libro intitolato *Come diventare miliardari in una notte*. Il commesso gli allungò due libri. L'uomo disse: "Veramente, una copia mi basta".

Ma il commesso spiegò: "Le ho dato solo una copia di *Come diventare miliardari in una notte*, ma a chi chiede questo libro ne diamo sempre un altro insieme, compreso nel prezzo".

Improvvisamente il cliente divenne molto interessato. "Davvero? E qual è il secondo libro?".

Il commesso rispose: "Una copia del codice penale".

Potremo avere dei problemi se cerchiamo solo di avere esperienze piacevoli senza accumulare conoscenza e senza impegnarci in azioni corrette.

Recentemente ho sentito una storia che illustra tragicamente l'eccessiva importanza che nel mondo d'oggi diamo all'esperienza. Uno scalatore che stava scendendo dalla vetta del monte Everest, è morto per mancanza di ossigeno e per congelamento. La parte più triste di questa storia è che l'Everest non è più la desolata terra di nessuno che era nel 1953, quando Sir Edmund Hillary lo scalò per la prima volta. Con l'avvento di nuove tecnologie e la disponibilità di guide esperte, l'Everest è diventato quasi un'attrazione turistica, sebbene costosa e pericolosa. Quaranta persone passarono davanti all'uomo morente, durante la loro salita sul fianco della montagna, e almeno una avrebbe potuto sacrificare la propria opportunità di raggiungere la cima per cercare di salvare la vita dell'uomo moribondo, dandogli ossigeno e aiutandolo a scendere dalla montagna. Nessuno di loro lo fece. Erano tutti intenti a sperimentare il brivido di raggiungere la vetta della montagna, e nessuno pensò a soccorrere un essere umano con un disperato bisogno di assistenza.

Effettivamente, quando diamo priorità all'aspetto di sperimentatore della nostra personalità, non siamo molto diversi dagli animali. Nella personalità di un animale vi è un solo aspetto: quello dello sperimentatore. Un asino o uno scimpanzé non vanno a scuola, né vengono a un satsang, perché la personalità del conoscitore è assente. Una mucca non può ideare una fuga temeraria dalla fattoria perché non ha la personalità per agire. Qualunque azione compia un animale è guidata dai suoi istinti, ed è questa la personalità di sperimentatore che abbiamo in comune con gli animali. Anche se diventassimo i migliori sperimentatori del mondo, con la più vasta gamma di esperienze piacevoli, non sarebbe una grande conquista per un essere umano, ma piuttosto una competizione tra animali. Forse è per questo che la gara al successo mondano è detta in inglese "rat-race", ovvero "corsa dei ratti": il problema, in tale tipo di gara, è che anche quando si vince, si rimane ratti!

In Tamil Nadu c'era un *avadhuta*[1] che andava in giro completamente nudo. Ogni volta che qualcuno gli passava vicino, commentava ad alta voce: "Passa un cane!", oppure: "Passa un asino!", adattando queste osservazioni alle *vasana* (tendenze latenti) predominanti in ciascun passante. Un giorno, passò di lì un mahatma di nome Ramalinga Swami. Non appena vide Ramalinga Swami che si avvicinava, l'avadhuta gridò: "Passa un essere umano!". Così dicendo, afferrò il primo indumento che trovò e se lo legò alla vita. L'avadhuta considerava animali tutti gli esseri umani privi di qualità umane quali l'amore, la compassione o la gentilezza, e in loro presenza non sentiva alcun bisogno di indossare dei vestiti. Ma considerò Ramalinga Swami come un vero essere umano, perché aveva realizzato la sua unità con tutto il creato, e soltanto alla presenza di un tale vero maestro provò vergogna della propria nudità. La storia dimostrò che l'avadhuta aveva avuto ragione: al momento della morte, Ramalinga Swami non divenne cadavere, ma scomparve in una brillante luce divina.

Ho sentito una bella storia su un famosissimo violinista che diede un concerto a New York City. Poiché aveva contratto la polio da piccolo, il musicista portava dei tutori per le gambe e camminava con le stampelle. Quella sera, come sempre, il pubblico sedeva in silenzio quando egli barcollando attraversò il palcoscenico per arrivare alla sua sedia. Con fatica si liberò le gambe dai tutori e prese il violino. Alla fine, fece un segno di assenso al direttore e la sinfonia incominciò.

Ma qualcosa andò storto. A metà dell'esecuzione, una delle corde del violino si ruppe. Tutto il pubblico si preparò a un ulteriore ritardo, ma il violinista fece solo una pausa, chiuse gli occhi e poi segnalò al direttore di ricominciare.

---

[1] Santo il cui comportamento non è conforme alle norme sociali.

L'orchestra riprese e lui iniziò a suonare da dove aveva smesso. Sebbene un'opera sinfonica eseguita con un violino di sole tre corde sia generalmente orribile, il maestro fece in modo di reinventare il pezzo senza emettere una sola nota disarmonica. Non era la stessa opera, ma era bella – qualcuno la ritenne addirittura migliore dell'originale.

Quando finì, il pubblico non smetteva di applaudirlo; appena ci fu silenzio, il musicista sorrise e disse a bassa voce: "Sapete, a volte penso che sia compito dell'artista scoprire quanta musica è possibile ancora fare con ciò che ci rimane".

Se il musicista fosse stato concentrato solo sull'esperienza, sarebbe rimasto frustrato da questo ulteriore imprevisto: anche la corda rotta oltre agli arti deformi! Invece, si concentrò su quello che aveva imparato, su quello che poteva ancora fare e creò qualcosa di più bello del lavoro originale, se non altro in virtù della sua evidente difficoltà.

Secondo le Scritture del *Sanatana Dharma*[2] , per vivere con vero successo come esseri umani, dobbiamo rendere predominante la conoscenza e l'azione. È ciò che sappiamo e facciamo a renderci esseri umani virtuosi e realizzati, non quello che sperimentiamo.

Una volta, una donna venne da Amma per il darshan dicendo: "Amma, ho una mano che mi fa sempre male e mi rende miserabile la vita".

Amma rispose: "Capisco, figlia mia, Amma è sempre piena di dolori in tutto il corpo".

Per questa donna, le parole di Amma furono una rivelazione – il dolore alla mano era diventato il centro di tutta la sua vita. Al contrario, Amma era in preda a un dolore molto maggiore, eppure chiaramente non permetteva che questo fatto ostacolasse in nessun modo le sue attività o influenzasse il suo stato d'animo.

---

[2] Sanatana Dharma è il nome originale dell'Induismo. Significa, "L'eterna via della vita".

Se osserviamo come vive Amma, vediamo che non dà alcuna importanza alla sua esperienza, ma che è totalmente stabilita nella Conoscenza Suprema e completamente impegnata nel servire il mondo. Fin da bambina, Amma non voleva restare in ozio. Nel mezzo delle faccende domestiche per la sua famiglia, riusciva ancora a trovare del tempo per fare visita ai vicini e aiutarli in ogni modo possibile. Pregava Dio: "Ti prego, dammi sempre più lavoro per Te, non farmi mai mancare del lavoro da svolgere in Tuo nome".

Amma vive ancora oggi seguendo questa filosofia. Quando sembra che il programma di darshan finisca presto, Amma fa il possibile per protrarlo, concedendo più tempo a ogni persona e perfino cantando dei bhajan mentre dà il darshan, talvolta tenendo sulla sua spalla una persona per l'intera durata del canto. Chi accompagna Amma nei suoi tour all'estero vede quanto lei lavori duramente senza cibo o riposo, e non vuole aggiungere altro peso andando al darshan. Ma in tali occasioni, Amma chiama al darshan anche i circa 150 componenti dello staff. Per quanta mi riguarda, quando vedo una grande folla al darshan di Amma, il mio primo pensiero può essere: "Oh, stanotte si farà davvero tardi, non riuscirò a dormire molto prima del programma del mattino". Naturalmente, quando la folla è davvero numerosa, smetto di pensare a me stesso e comincio a preoccuparmi per Amma. Ma Amma non si preoccupa affatto.

Nel tour del nord India del 2006, alcune folle erano semplicemente gigantesche, intorno alle centinaia di migliaia. Vedendo tale moltitudine e sapendo che Amma abbraccerà tutti quelli che avranno la pazienza di aspettare, ci si può solo spaventare. Se fossimo nei suoi panni, ci daremmo alla fuga, precipitandoci giù dal palco verso l'auto più vicina! E se Amma desse importanza all'aspetto di sperimentatore della sua personalità, avrebbe certamente una reazione simile. Ma Amma ha sempre espresso solo felicità nel vedere quanti figli si erano riuniti nello stesso luogo.

Quando Amma pianifica il suo programma del tour, non mette mai in conto del tempo libero per riposare. Dopo il faticoso tour del Nord America, della durata di due mesi, gli swami chiedono sempre ad Amma di concedersi uno o due giorni di riposo prima di tornare all'ashram in India, ma Amma vuole invariabilmente ripartire il giorno successivo, affermando che i suoi figli in India la stanno aspettando. Questo dimostra ancora una volta che non dà nessuna importanza al proprio comfort.

Naturalmente Amma non ci dice di non gioire dei piaceri, ma solo che essi devono basarsi sul dharma. Ciò che vogliamo per noi non deve arrecare danno agli altri. Possiamo diventare ricchi ed esaudire i nostri desideri, ma con mezzi onesti. La *Taittiriya Upanishad* (1.11.1) afferma: "Non dimenticate il vostro benessere – non trascurate la vostra prosperità". I Veda contengono molti rituali che, se eseguiti correttamente, ci aiuteranno a realizzare i nostri desideri[3]. Le Scritture ci incoraggiano alla prosperità non per aumentare il nostro potere e prestigio, ma per darci la possibilità di condividere la nostra ricchezza con i poveri e i bisognosi.

Forzare l'aspetto sperimentatore della nostra personalità ad attenersi al dharma, comporta necessariamente sacrificio e disciplina, ma purificherà molto la nostra mente. A sua volta, questo ci consentirà di restare calmi e sereni di fronte sia alle esperienze piacevoli che a quelle spiacevoli.

Una volta, durante la guerra civile americana, alcuni predicatori del nord vennero a incoraggiare Abramo Lincoln nella sua

---

[3] I Veda sono divisi in due parti: il Karma Kanda (sezione dei rituali) e lo Jnana Kanda (sezione della conoscenza). Il Karma Kanda contiene i riti per aiutare a realizzare i propri desideri accendendo contemporaneamente un interesse interiore per la spiritualità. Lo Jnana Kanda tratta esclusivamente della conoscenza di Brahman, la Verità Suprema.

guerra contro la schiavitù. "Signor Presidente", chiesero, "pensa che Dio sia dalla sua parte?".

Lincoln replicò: "Non mi preoccupo se Dio è dalla mia parte. Mi preoccupo di essere io dalla parte di Dio!".

Essere dalla parte di Dio significa agire in accordo col dharma. Poiché Amma è stabile nella conoscenza della propria unità con Brahman, aderisce sempre strettamente al dharma, anche nelle circostanze più difficili. Quando l'ashram fu gravemente danneggiato dallo tsunami asiatico del 2004 e soffrì grandi perdite finanziarie e materiali, la prima preoccupazione di Amma non fu per l'ashram. Se non fosse stato per Amma, gli ashramiti si sarebbero sentiti sopraffatti dai danni e dalla distruzione – avrebbero forse reagito, anziché rispondere, alla devastazione. Ma la risposta di Amma fu immediata, spontanea e perfetta. Senza aver mai ricevuto alcuna preparazione nella gestione dei disastri o delle crisi, Amma si dimostrò un maestro in materia. Non appena le acque raggiunsero l'ashram, Amma si preoccupò di portare subito gli abitanti del villaggio in salvo sulla terraferma[4]. Poi rivolse la sua attenzione ai devoti, poi agli ashramiti, poi agli animali che risiedono all'ashram e, per ultimo, a se stessa. Anziché ritirarsi in un luogo sicuro, Amma fu l'ultima a lasciare la zona colpita, assicurandosi prima che tutti fossero stati portati in salvo sulla terraferma.

Se siamo stati coinvolti in un incidente, diamo maggiore attenzione alla parte del nostro corpo che è più colpita. Allo stesso modo, vedendo il suo Sé in tutti gli esseri, la preoccupazione di Amma fu verso coloro che avevano sofferto le perdite maggiori. E le lacrime che Amma versò copiose, nei giorni a seguire, non furono per le perdite subite dall'ashram, ma a condivisone del dolore e della sofferenza degli abitanti del villaggio colpiti dalla

---

[4] L'ashram è situato in una stretta penisola tra i canali di Kayamkulam e il Mare Arabico.

tragedia. Le Scritture affermano: "Quando aiuti gli altri, in verità stai aiutando te stesso". Quando l'aspetto del conoscitore della nostra personalità sarà completamente sviluppato, saremo in grado di percepire la verità che è lo stesso Sé ad essere presente in ogni essere e cosa del creato: allora le nostre azioni saranno veramente per il bene del mondo intero.

All'inizio può essere difficile vedere il nostro Sé in ogni persona, ma se consideriamo ciascuno come figlio di Amma o di Dio, sarà facile vedere tutti gli esseri umani come nostri fratelli e sorelle in una famiglia mondiale. Amma dice: "Per una babysitter, prendersi cura di un bambino può essere un lavoro faticoso, ma per la madre è una gioia". Se sapremo adottare questo atteggiamento e vedere ciascuno come nostro, ogni azione diventerà una ricompensa, e porteremo luce nella vita di tutti quelli che incontreremo. E non ne beneficeranno soltanto gli altri. Amma afferma: "Quando regaliamo dei fiori, siamo noi che per primi godiamo del loro profumo". In modo simile, quando sacrifichiamo le nostre preferenze per dare felicità agli altri, sperimentiamo una gioia e una pace molto più profonde di quelle che avremmo provato soddisfando i nostri desideri egoistici. Questo non è un mero luogo comune, si tratta infatti di un principio fondamentale della scienza spirituale. Azioni simili aumentano la purezza mentale e ciò permette alla nostra mente di riflettere meglio la naturale beatitudine del Sé. ❖

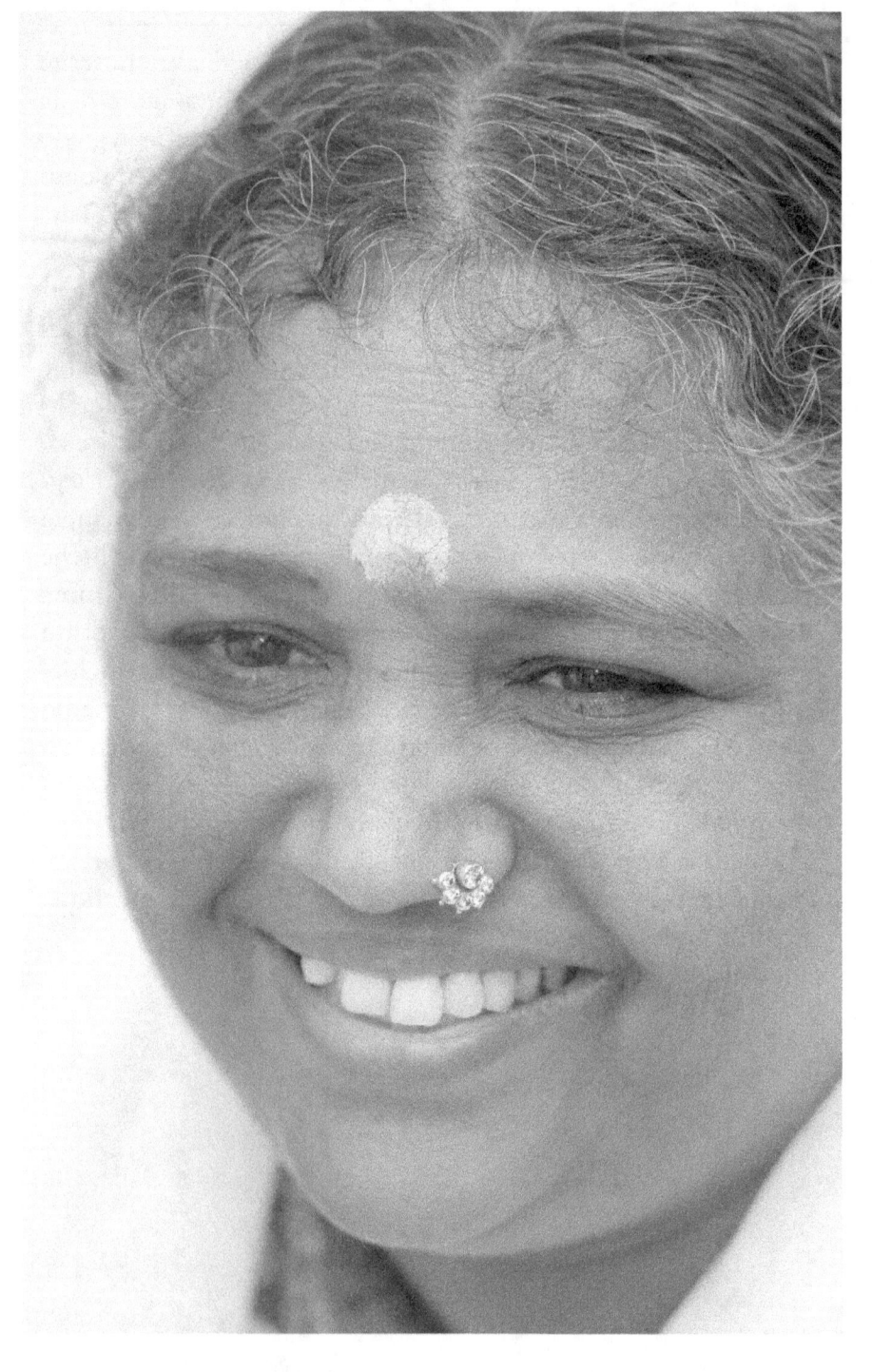

## Capitolo 4

# Focalizzarsi sul Sé

yasya brahmani ramate cittaṁ
nandati nandati nandatyeva

*Colui la cui mente è fissa su Brahman
è pieno di beatitudine,
sempre e solamente pieno di beatitudine.*

– Bhaja Govindam, verso 19

C'è la storia di un mahatma che aveva ricevuto da uno dei suoi devoti uno smeraldo molto prezioso. Si sparse la voce che il mahatma aveva acquisito questo ambitissimo gioiello, e di lì a poco un abitante del villaggio si recò da lui chiedendogli di aiutarlo a risolvere i suoi problemi finanziari. Con enorme sorpresa dell'uomo, il mahatma gli consegnò il prezioso smeraldo senza la minima esitazione. L'uomo andò a casa pieno di gioia, eppure, il giorno dopo, ritornò dal mahatma teso ed esausto. Dopo essersi prosternato al mahatma, l'uomo gli restituì il prezioso gioiello. "Che problema c'è?", chiese il mahatma.

"La scorsa notte non sono riuscito a dormire neppure un minuto", spiegò l'uomo. "Ho cominciato a pensare: 'Se il mahatma è pronto a dare via in un attimo un gioiello così prezioso, deve possedere qualcos'altro di valore ben più grande'". L'uomo continuò: "Maestro, per favore dammi quel tesoro che ti consente di regalare così facilmente questo gioiello".

"Ti interessa davvero?", chiese il mahatma. "Desideri questo tesoro a ogni costo?"

Quando l'uomo rispose affermativamente, il mahatma lo accettò come discepolo e cominciò a istruirlo sulle verità spirituali.

Se siamo veramente interessati alla ricchezza inestimabile della conoscenza spirituale, Amma è pronta a darcela. Sfortunatamente, la maggior parte di noi non si impegna nella ricerca di questo tesoro nascosto, ma si concentra piuttosto nell'acquisire la bigiotteria di poco valore rappresentata dalle gratificazioni spicciole che si trovano nel mondo esteriore. Amma cita spesso l'esempio di un bambino fatto scegliere fra una ciotola di cioccolatini e una di monete d'oro. Il bambino preferirà sempre il cioccolato, ignorando che potrebbe usare le monete d'oro per comprare tutto il cioccolato che vuole e altro ancora.

Nelle Scritture induiste c'è un detto: "Chi dimentica il Permanente ricercando ciò che è transitorio, perderà il Permanente, ma non gli rimarrà nemmeno il transitorio". Se passiamo tutto il nostro tempo alla ricerca di nome, fama e ricchezza, perderemo l'opportunità di realizzare il nostro vero Sé; alla fine, tutto quello che avremo ottenuto in questo mondo, tutte le nostre proprietà, e i nostri cari ci lasceranno e noi non potremo farci nulla. La nostra sola possibilità di scelta consiste nel fare o meno il miglior uso della vita per realizzare la nostra vera natura.

Recentemente, un giornalista ha chiesto ad Amma: "Lei è andata così lontano nella vita. Da sconosciuta ragazza di uno sconosciuto villaggio è diventata una delle guide spirituali e umanitarie più acclamate in questo mondo. Come si sente quando guarda indietro alla sua vita?"

Amma ha risposto: "Io non guardo mai indietro: io guardo sempre al mio Sé". Questo non significa che Amma stia sempre a guardarsi allo specchio, ma che non ha rimpianti sul passato, né ansie riguardo al futuro, perché è sempre focalizzata nella Coscienza Suprema, l'Atman, o Sé, che è la nostra vera natura.

Quando rivolgiamo l'attenzione al mondo esterno, siamo influenzati da tutti i mutamenti che vi hanno luogo. Ogni cosa nel mondo esterno è soggetta a cambiamento e distruzione. Quando perdiamo qualcosa o qualcuno, o quando una cosa cambia o viene distrutta, proviamo rabbia, dolore, frustrazione e altre emozioni negative. Il nostro Sé, invece, è immutabile, pervade tutto, è onnipotente e onnisciente. Quando la nostra mente è fissa sul Sé Supremo, siamo perfettamente appagati e non proviamo altro che beatitudine.

Qualunque siano le circostanze esteriori, Amma è sempre serena e indisturbata. La maggior parte di noi è molto felice di essere in ballo quando le cose vanno per il verso giusto, ma nel momento in cui incontra un ostacolo, perde la pace mentale. Per fare un semplice esempio, pensiamo al nostro stato d'animo quando, arrivando all'aeroporto, scopriamo che il nostro volo è stato cancellato. Anche se non abbiamo nulla di urgente in agenda, ci agitiamo subito e non riusciamo a concentrarci neppure guardando le notizie sullo schermo. Andiamo allo sportello dei biglietti ogni cinque o dieci minuti e nel frattempo camminiamo avanti e indietro, telefoniamo alla nostra famiglia e ci commiseriamo con gli altri passeggeri compagni di sventura.

Ho sentito la storia seguente. I passeggeri nell'area di imbarco di un volo che aveva subito numerosi ritardi erano molto stanchi e irritati. Il personale della compagnia aerea cercava di mantenere il buon umore, ma quando l'aereo fu finalmente pronto, emersero anche i sentimenti dell'addetto: "Stiamo per procedere all'imbarco del volo 128", annunciò. "Imbarcheremo per primi i bambini che viaggiano da soli, poi i genitori con bambini piccoli e poi gli adulti che si comportano come bambini".

La reazione di Amma alla medesima situazione, è molto diversa. Nel suo tour del Nord America del 2006, molti dei suoi voli subirono ritardi, ma la sua reazione fu sempre calma ed equilibrata, non si lamentò, né alzò le braccia al cielo in segno di disperazione. Impiegò il tempo provando nuovi bhajan, informandosi sulla salute dei devoti che viaggiavano con lei, impartendo conoscenza spirituale ai suoi discepoli e ricordando i fatti divertenti avvenuti durante il darshan. In queste occasioni, Amma non fu affatto disturbata dalla situazione esterna causata dai ritardi, e i devoti che viaggiavano con lei furono veramente grati per l'inconveniente. La partenza di un volo fu ritardata addirittura di due ore e alcuni devoti, che viaggiavano in voli destinati a partire prima, non volevano lasciare Amma all'aeroporto ed erano scoraggiati. Una signora cominciò perfino a pregare ardentemente che anche il suo volo avesse un ritardo. Quando, controllando il monitor dei voli, scoprì che anche il suo volo aveva un ritardo indefinito, cominciò a saltare di gioia e corse a riferire ad Amma la grande notizia e a ringraziarla per la sua benedizione.

Se Amma non fosse stata presente, quelle stesse persone si sarebbero agitate e irritate come qualunque altro passeggero di un volo posticipato, e avrebbero addirittura chiesto i danni alla compagnia aerea. Grazie alla presenza di Amma, però, quella si trasformò per loro in una bella esperienza.

Ci sono, naturalmente, molti esempi più estremi nei quali Amma e il suo gruppo dovettero affrontare serie avversità. Esaminandole, vediamo che per quanto grave fosse la difficoltà, Amma non è mai stata sopraffatta dall'ansia o dalla paura. Nell'agosto 1990, durante la sua visita a Mosca, Amma tenne il primo programma, come stabilito, in una sala piuttosto austera. La bancarella dei libri era stata allestita come al solito, ma quando Amma vide l'estrema povertà delle persone che si erano riunite per incontrarla, diede istruzioni che ogni articolo fosse distribuito gratuitamente ai presenti.

Durante il darshan del mattino successivo, ci accorgemmo che per le strade passavano dei carri armati. Tornando a casa dei devoti che ospitavano Amma, apprendemmo che c'era stato un colpo di stato, che Gorbachev era agli arresti domiciliari, e che l'aeroporto e le vie di comunicazione principali erano stati chiusi. Il governo aveva disposto carri armati a ogni incrocio: anche il Cremlino ne era circondato nell'evenienza di un attacco.

All'inizio, alcuni di noi che viaggiavano con Amma erano molto preoccupati e i devoti russi che ospitavano Amma vennero da lei piangendo, sopraffatti dalla paura di un'eventuale guerra civile. Ma Amma era tranquilla. Disse ai devoti locali e a chi viaggiava con lei, di non preoccuparsi, e che sarebbe andato tutto bene.

Presto divenne chiaro che le parole di Amma si erano realizzate. L'aeroporto fu riaperto il giorno dopo, e poche furono le persone rimaste ferite nel tentato colpo di stato che accelerò la caduta relativamente pacifica del comunismo. Uno dei devoti russi di Amma commentò più tardi: "L'arrivo di Amma ha simboleggiato l'apertura e la guarigione della Russia. La sua presenza in Russia ha consentito alle persone di purificare il proprio cuore, di credere in se stesse e di battersi per la verità".

Quella notte, i devoti di Amma la informarono che non sarebbe stato possibile tenere il programma come previsto. Anche se tutte le case del vicinato erano chiuse e le finestre sbarrate perché i residenti restavano nascosti temendo per la propria vita, Amma chiese ai suoi ospiti di aprire le porte di casa in modo che chi desiderava incontrarla ne avesse l'opportunità. Il programma del giorno dopo fu tenuto in modo informale nel cortile sul retro. Quel giorno, molti russi vennero da Amma a cercare conforto, guida, e per ricevere l'iniziazione al mantra. Sebbene per le strade corressero i carri armati, i pericoli del momento furono quasi dimenticati in presenza di Amma.

Poiché Amma non era sopraffatta dalla paura o dall'agitazione riuscì ad essere una fonte di pace e una guida, e rappresentò un rifugio sicuro per i devoti russi in quella che altrimenti sarebbe forse stata una delle loro ore più oscure. Perfino in quello scompiglio, Amma rimase calma e appagata, stabile nella pace dell'immutabile Sé.

La metafora dello spettatore di un film può aiutare a comprendere meglio il concetto di identificazione con il Sé. Dopo aver visto un film, ci possiamo sentire esaltati, tristi, annoiati, pieni di energia o ispirati, secondo gli eventi del film. In realtà, però, noi non abbiamo fatto nulla e tutta l'azione era solo sullo schermo. Il cambiamento nella nostra mente è stato causato non dall'azione in sé, ma dalla nostra identificazione con le azioni dei personaggi del film. Nello stesso modo, il nostro vero Sé non è toccato da nulla di ciò che accade nel mondo; testimonia semplicemente tutto quello che vi ha luogo. In verità non siamo coinvolti nell'azione; il nostro vero Sé è più simile allo schermo che ai personaggi del film. Noi invece, identificati con il corpo, la mente e l'intelletto, esultiamo nel successo e ci deprimiamo nel fallimento.

Se non vogliamo essere influenzati dal film, dobbiamo identificarci costantemente con lo schermo, o dirigere lì la nostra consapevolezza. In modo analogo, se impariamo a identificarci con l'Atman, anziché col corpo, la mente e l'intelletto, potremo superare gli alti e i bassi della vita. Questo cambiamento di interesse, dall'apparente al Reale, dal temporaneo all'Eterno, è il segreto della pace interiore. Questa è la differenza tra i maestri spirituali e noi – ovunque i maestri guardino, vedono soltanto la Coscienza Suprema, o il loro vero Sé, indivisibile, perfetto, completo.

Naturalmente, nessuno afferma che sia cosa facile identificarsi con l'Atman, che trascende tutti gli attributi. I figli di Amma trovano spesso più facile concentrarsi su di lei e sui ricordi preziosi che ella crea in ogni interazione personale con loro. Poiché Amma è completamente identificata con l'Atman, focalizzarsi su di lei equivale a concentrarsi sul Sé, o Dio. Questo ponte verso la coscienza di Dio è uno dei doni più grandi di Amma ai suoi figli.

Concentrarsi sull'Atman, tuttavia, non significa solo sedere in un angolo con gli occhi chiusi. Dopo lo tsunami, Amma vietò addirittura ai brahmachari di sedere in meditazione e disse invece loro di lavorare per ripulire i villaggi dai detriti e più tardi aiutare nella costruzione delle case per le vittime dello tsunami. Amma afferma: "La vera meditazione significa vedere Dio, il nostro vero Sé, in tutto il creato". ❖

# Capitolo 5

# *Esistenza, coscienza, beatitudine*

*"Nell'istante in cui realizzerete Dio,
vi stabilirete per sempre nella beatitudine suprema".*

– Amma

Un giornalista andò ad intervistare un uomo che compiva cent'anni. Dopo avergli posto alcune domande sul segreto della sua longevità, il reporter prese la mano del vecchio e disse solennemente: "Signore, spero di avere la possibilità di augurarle buon compleanno anche l'anno prossimo".

Il centenario rispose: "Perché no? Lei sembra sano come un pesce!". Nonostante l'età avanzata, l'anziano ancora rifiutava di prendere in considerazione che prima o poi sarebbe morto.

Indipendentemente dalla cultura, dal sesso, dalla condizione sociale e da altre differenze superficiali, tutti gli esseri umani sono indistintamente alla ricerca di tre cose nella vita. Per prima cosa, vogliono che la loro esistenza sia lunga il più possibile – alcuni cercano perfino di ingannare la morte. I faraoni d'Egitto ebbero grande cura di assicurarsi che i loro corpi fossero perfettamente conservati e di avere quantità di cibo e perfino di servitori vivi che li accompagnassero nell'aldilà. Oggigiorno, c'è chi, messo di fronte alla prospettiva di un imminente decesso, considera addirittura la possibilità dell'ibernazione nella speranza di venire scongelato quando gli scienziati del futuro avranno scoperto una cura per la sua malattia e la tecnologia per ridar vita al suo corpo.

Oltre a questo, tutti vogliono aumentare la propria conoscenza, vale a dire, tutti desiderano essere consapevoli di un numero maggiore di cose, persone e luoghi. Ovviamente, non tutti aspirano a un PhD, ma anche chi non è motivato a raggiungere un'istruzione più elevata troverà comunque modi di imparare molte più cose riguardo al mondo, attraverso i viaggi, la televisione, Google o i pettegolezzi dei vicini.

Ma soprattutto, gli esseri umani vogliono la felicità, essere sempre pieni di gioia. È proprio questo desiderio che è la motivazione di base di tutte le azioni quotidiane, dalle più banali alle più ambiziose. La prospettiva di una morte precoce diviene sopportabile o addirittura desiderabile solo quando una persona si è convinta che la felicità è assolutamente fuori della sua portata.

Sulla base di queste tre basilari mete della vita – longevità, conoscenza e felicità – sorgono molte speranze e aspettative, non solo per noi stessi ma anche per i nostri cari e, quando le cose non si accordano con esse, inevitabilmente sperimentiamo dolore. Con il tempo, impariamo che non possiamo controllare le persone, i luoghi e le cose, né possiamo arrivare con la forza ad un risultato basato sulle nostre speranze e sui nostri desideri.

Siamo tutti consapevoli delle molte tragedie occorse nell'ultimo paio di anni. Amma ha spesso ribadito: "Non preoccupatevi – la vita è come uno tsunami". Questa affermazione può suonare cinica o pessimistica, ma in realtà si tratta di puro realismo. Ciò che Amma intende è che non dobbiamo preoccuparci se perderemo tutto quello che ci è caro, perché in verità sarà proprio così. Se sapremo accettare questa inevitabile realtà come parte dell'ordine naturale delle cose, anziché temerla, potremo evitare una grande quantità di sofferenza inutile.

Infatti, il mondo è in uno stato costante di flusso: nulla rimane lo stesso neppure per un momento. L'anno passa attraverso il mutare delle stagioni, il corpo umano passa attraverso infanzia, giovinezza, età adulta e vecchiaia. Senza una costante manutenzione, una strada asfaltata si crepa e nelle incrinature crescono le erbacce. Perfino le montagne si sbricioleranno in polvere, dando tempo al tempo.

In *Ananda Vidhi*, la composizione originale di Amma che descrive la sua esperienza della realizzazione di Dio, ella proclama: "Per rimuovere il dolore dell'umanità, quante nude verità ci sono!".

Il fatto inconfutabile dell'imminente cambiamento e perdita di tutte le cose è evidente dappertutto nel mondo, eppure la maggior parte di noi rimane cieca a questa realtà, ignorando ostinatamente una cosa così palese.

Sebbene conosciamo tutti molto bene il vecchio detto: "Non porterai nulla con te", ammucchiamo più denaro possibile, addirittura fino al momento della morte. Amma racconta la seguente storia.

Una volta, molti pazienti nella fase terminale della loro malattia stavano trascorrendo insieme gli ultimi giorni in un ospizio. Intuendo che per qualcuno di loro si stava avvicinando la fine, un'infermiera decise di guidarli in una preghiera di gruppo. Li istruì a pregare con le mani giunte: "Signore, perdona i miei peccati. Ti prego accetta la mia anima e prendimi tra le tue braccia…".

Uno dei pazienti non unì le mani in preghiera ma tenne, invece, il pugno ben chiuso. Prima della fine della preghiera, quest'uomo si accasciò ed esalò l'ultimo respiro. Morendo, il pugno si aprì rivelando tre monete. Era stato un mendicante, e non aveva partecipato alla preghiera con le mani giunte per paura, aprendo il pugno, di perdere le tre monete.

Naturalmente, non vi è nulla di sbagliato nel guadagnare denaro per esser sicuri di aver provveduto al nostro futuro, ma al mondo d'oggi vediamo persone che si assicurano di avere abbastanza non solo per il proprio futuro, ma anche per quello di molte generazioni a venire! Amma dice che se tali persone sapessero cercare nel cuore la motivazione a condividere la loro buona fortuna con i bisognosi, la fame e la povertà potrebbero essere sradicate dalla faccia della terra.

In definitiva, comprendere la caducità di tutti gli oggetti del mondo esterno ci ispirerà a guardarci dentro. Quando ci renderemo conto che i nostri obiettivi principali di vita eterna, conoscenza infinita e felicità ininterrotta sono irraggiungibili nel mondo esterno, cominceremo a cambiare la nostra percezione, cercando queste stesse mete all'interno. Le Scritture del Sanatana Dharma descrivono il nostro vero Sé come *sat-cit-ananda*, ovvero, esistenza, coscienza, beatitudine. In verità l'Atman è ciò che tutti gli esseri cercano; è solo una questione di com'è condotta questa ricerca, se direttamente o indirettamente.

Questa descrizione del nostro Sé non è arbitraria, né è fede cieca. Gli antichi saggi dell'India si guardarono dentro e realizzarono la propria vera natura. Essi hanno parlato dalla loro diretta esperienza, e la descrizione che ne hanno fatto può essere verificata perfino con il nostro limitato stato di consapevolezza. Guardiamo da vicino ciascuna delle tre qualità attribuite al Sé.

Prima di tutto, sappiamo che siamo qui, che esistiamo. Forse neghiamo l'esistenza di Dio, ma nessuno potrà negare la propria esistenza. Una cosa non può scaturire dal nulla: un tavolo ora esiste come tale, ma prima era stato un albero e, prima ancora, un seme, e il seme proveniva da un altro albero. Se si continua a risalire a questi elementi a ritroso, possiamo alla fine accettare che l'esistenza è fondamentale e che soltanto il nome e la forma mutano. Vediamo dunque che *sat* (esistenza) è un aspetto inconfutabile del nostro vero Sé.

Il secondo aspetto del nostro Sé è descritto come *cit* (coscienza o conoscenza). È questa coscienza che ci rende consapevoli della nostra esistenza e di tutto il creato. Come sappiamo di essere coscienti? Quando scivoliamo nel sonno profondo, scompariamo per ogni scopo pratico: siamo morti al mondo. Siamo inconsapevoli di avere un corpo, non abbiamo memoria, desideri, e sembriamo non avere esperienza. Tuttavia, quando ci svegliamo, affermiamo: "Oh, ho dormito bene!". Come possiamo sapere di aver fatto un buon sonno? Grazie alla nostra coscienza, che rimane costante anche quando il nostro corpo, la mente e l'intelletto sono addormentati. Infatti, la pura coscienza è il solo elemento persistente nei tre stati di veglia, sogno e sonno profondo. Durante la veglia e gli stati di sogno, la coscienza è consapevole degli oggetti, dei nomi e delle forme, mentre nel sonno profondo, la coscienza è consapevole della loro assenza.

Il terzo aspetto del nostro Sé è descritto come *ananda* o beatitudine. Avendone l'opportunità, alla maggior parte delle persone piacerebbe dormire il più possibile, e questo perché durante il sonno profondo, la mente non funziona e noi sperimentiamo beatitudine. Ciò indica che la nostra reale natura è beatitudine e gioia, quando nulla – pensieri, sentimenti, desideri, paure – si sovrappone a essa. Proprio come la superficie di un lago tranquillo riflette chiaramente la luna, così, quando la nostra mente diviene immobile e quieta e i nostri pensieri e desideri cessano, ci sentiamo naturalmente pieni di pace.

Nella *Brhadaranyaka Upanishad*, si dice:

> na vā are patyuḥ kāmāya patiḥ priyo bhavati
> ātmanastu kāmāya pati priyo bhavati

*La moglie ama il marito non per il bene del marito ma per il proprio bene (e viceversa).*

(2.4.5)

Questa può sembrare un'affermazione dura, ma se la esaminiamo attentamente, la sua verità diverrà chiara. Tutti proclamano un amore imperituro per la famiglia, ma che cosa succede quando un membro della famiglia ci maltratta? Il marito divorzia dalla moglie, la sorella si allontana dal fratello, e la madre rinnega il figlio. Se amassimo veramente i nostri parenti, continueremmo ad amarli anche se cominciassero a trattarci male e a non darci più alcuna gioia.

Talvolta, quando un giovane si unisce all'ashram, i genitori, che avevano nutrito grande speranze di essere assistiti in vecchiaia e anche di avere dei nipoti, si sentono naturalmente turbati. Alcuni anni fa, i genitori di un giovane che era diventato un residente vennero all'ashram durante l'assenza di Amma e fecero una grande scenata. Alla fine, dichiararono ad alta voce che avrebbero fatto uno sciopero della fame: finché il figlio non avesse accettato di tornare a casa e di sposare la ragazza che avevano scelto per lui, si sarebbero rifiutati di mangiare. Ciò mise il giovane in serie difficoltà; era profondamente preoccupato per il benessere dei genitori, ma nello stesso tempo sentiva che una vita di servizio e di pratica spirituale era la sua vera chiamata. Come compromesso, senza dire loro la sua decisione, cominciò anche lui a digiunare. Finché non avessero mangiato, si disse, non avrebbe mangiato nemmeno lui. Ma dopo due giorni, quando fu chiaro che il giovane non avrebbe cambiato idea, i genitori fecero una robusta colazione e presero il primo treno per tornare a casa. In seguito, il ragazzo fece visita ai genitori e fece del suo meglio per consolarli e spiegare il suo punto di vista prima di ritornare alla sua vita all'ashram.

Se una persona o un oggetto non ci dà felicità, non ci interessa più, per non parlare di provare amore per esso. Questo dimostra che amiamo solo ciò che ci dà felicità.

Un giorno, un uomo andò al dipartimento della sanità a lamentarsi dei suoi fratelli. "Ho sei fratelli", disse, "e viviamo tutti in una stanza sola. Loro hanno così tanti animali... uno ha sette scimmie e un altro, sette cani. È terribile, non c'è aria nella stanza! Dovete fare qualcosa!".

"Non avete finestre?", chiese l'impiegato del distretto sanitario.

"Sì", disse l'uomo.

"Perché non le aprite, allora?", suggerì l'impiegato.

"Che cosa?", gridò l'uomo, come se si trattasse della proposta più irrazionale che avesse mai sentito. "E perdere tutti i miei piccioni?".

Proprio come l'uomo della storia, la maggior parte di noi è più che disposta a sorvolare sui propri errori; amiamo noi stessi in modo incondizionato e assoluto. Perciò ne consegue che il nostro Sé debba essere una sorgente di felicità incondizionata e assoluta. Anche chi nutre una sorta di odio verso se stesso, o intrattiene pensieri suicidi, non si odia davvero, ma detesta la propria situazione, o lo stato della propria mente. Se i problemi si risolvessero improvvisamente o la mente trovasse la tranquillità, vorrebbe continuare a vivere. Infatti, le Scritture ci dicono che il nostro Sé non è solo *una* sorgente, ma *la* sorgente di tutte le felicità. Anche quando pensiamo che a donarci la felicità sia qualcosa di esterno, è solo perché abbiamo soddisfatto un desiderio e quindi la mente è relativamente quieta. Proprio come acque immobili riflettono chiaramente l'immagine della luna, più la nostra mente diventerà tranquilla e più chiaramente potrà riflettere l'innata beatitudine del Sé.

## Il segreto della pace interiore

Di solito cerchiamo qualunque cosa ci renda felici subito, ma il detto recita: "Profitti a breve termine assicurano perdite a lungo termine". In passato abbiamo cercato di arricchire la nostra vita con molte cose di valore che non ci hanno dato né felicità duratura né pace. Se lo avessero fatto, non staremmo più alla ricerca, e voi non stareste leggendo questo libro

Abbiamo già accumulato molti anni di esperienza – attraverso relazioni, realizzazioni, proprietà, luoghi di residenza o di vacanza – nella ricerca della soddisfazione nel mondo esterno. Dovrebbe bastare un'esperienza sola per analizzare correttamente una situazione. Se stiamo cucinando del riso e vogliamo sapere se è pronto, è sufficiente prenderne soltanto un po', non c'è bisogno di assaggiare tutti i chicchi di riso nella pentola.

C'è una storia su due soldati che vengono catturati e tenuti come prigionieri di guerra. Uno si rassegna alla sua prigionia e sceglie di vivere come schiavo del nemico. L'altro studia con fervore i modi e i mezzi per una fuga, perfino mentre lavora come prigioniero.

Esattamente come i due prigionieri della storia, anche noi abbiamo una scelta. La maggior parte delle persone è come il primo prigioniero e si accontenta dei fugaci momenti di felicità che può ottenere dal mondo esterno, rimanendo tuttavia schiava delle proprie preferenze e repulsioni, desideri e paure. Invece, dovremmo cercare di essere come il secondo prigioniero – dirigendo la nostra attenzione all'interno in uno sforzo di liberarci dall'attaccamento e dall'avversione verso le persone e gli oggetti del mondo. Quando prendiamo la decisione cosciente di dirigere all'interno la nostra consapevolezza, scopriamo che i nostri tre obiettivi – vita eterna, conoscenza infinita e felicità ininterrotta – sono sempre stati dentro di noi, come il nostro vero Sé. ✤

## Capitolo 6

# "*Cambia mente, per favore!*"

*Se le porte della percezione fossero limpide, ogni cosa apparirebbe all'uomo così com'è – infinita.*

– William Blake

Recentemente, con la lettera di un devoto, ho ricevuto il seguente aneddoto. È scritto in modo scherzoso, ma è veramente molto istruttivo.

*Incominciò in modo abbastanza innocente. Iniziai a pensare mentre mi trovavo alle feste, di quando in quando, giusto per rilassarmi. Inevitabilmente però, un pensiero tira l'altro, e ben presto diventai molto di più di uno che pensa solamente quando è in compagnia e cominciai a pensare perfino quando mi trovavo completamente solo. Pensare diventava sempre più importante per me, e alla fine pensavo di continuo. Non riuscivo proprio a controllarmi: iniziai a pensare anche sul lavoro e presto ebbi la reputazione di un pensatore profondo. Un giorno, il capo mi chiamò e mi disse: "Mi piaci e sono desolato di dirti questo, ma il tuo pensare è diventato un vero problema. Se non smetti di pensare al lavoro, saremo costretti a mandarti via". Questo mi diede molto da pensare.*

> *Al mio check-up successivo, il medico mi disse che il mio troppo pensare mi faceva salire la pressione sanguigna e che se fossi andato avanti così, non sarei vissuto molto a lungo. Ma oggi, sono un pensatore in via di guarigione. La vita è talmente più tranquilla ora che ho smesso di pensare!*

Immaginate una scimmia già abbastanza vivace da sobria, che si è ritrovata, chissà come, molto ubriaca. Poi immaginate che questa stessa scimmia ubriaca, nel corso delle sue buffonate, venga punta da uno scorpione e cominci a saltare dappertutto, urlando di dolore. Questa scimmia ubriaca, punta da uno scorpione, passa poi sotto un albero di cocco quando, esattamente in quel momento, le cade un grosso cocco verde sulla testa. Alla fine, vacillando di qua e di là, il povero animale viene posseduto anche da uno spirito. Amma dice che questo scenario costituisce una buona analogia del nostro attuale stato mentale, in cui la nostra limitata consapevolezza è immersa in ciò che ci piace e in ciò che non ci piace, in ciò che desideriamo e in ciò che ci fa paura.

Con una mente simile, non siamo in grado di vedere le cose come sono, anzi, le vediamo come siamo noi. La seguente storia illustra questo punto.

C'era una volta un monastero Zen abitato da due monaci. Uno dei due monaci aveva soltanto un occhio. Un giorno, un monaco pellegrino bussò alla porta e sfidò il monaco con un occhio solo in un dibattito filosofico. Quando il contesto terminò, il pellegrino ammise la propria sconfitta. Prima di ripartire andò a prendere congedo dall'altro monaco, che era l'abate del monastero. Il visitatore disse all'abate: "Quel monaco con un occhio solo è un vero genio. Abbiamo deciso di dibattere in silenzio. Io ho iniziato mostrando un dito – che significava il Buddha. Tuo fratello ha mostrato due dita, che indicavano il Buddha e i suoi insegnamenti. Io ho risposto con tre dita, indicando il Buddha, i suoi insegnamenti e i suoi seguaci. Il monaco mi ha dato il colpo di grazia quando ha mostrato il pugno, provando che, in realtà, il Buddha, i suoi insegnamenti e i suoi seguaci sono una cosa sola". Il monaco in visita si inchinò una volta ancora e poi lasciò il monastero.

Proprio allora, entrò il monaco con un solo occhio. Era completamente adirato. "Quel monaco era così sgarbato! Se non fosse stato nostro ospite, gli avrei dato le legnate che meritava".

"Che cosa è accaduto?", chiese l'abate. Il monaco con un occhio solo rispose: "Abbiamo deciso di avere un dibattito in silenzio. Per prima cosa lui ha alzato un dito che significava 'Vedo che hai solo un occhio'. Allora io ho alzato due dita per cortesia verso di lui, che significavano 'Vedo che tu ne hai due'. Ma quel briccone ha avuto il coraggio di alzare tre dita, dicendomi che noi due insieme avevamo tre occhi. Ero così arrabbiato che ho mostrato il pugno, volendogli dire 'Se non la smetti di parlare di occhi, ti faccio saltare gli occhi fuori dalle orbite!'". A seconda della propria conformazione mentale, i due monaci avevano interpretato i gesti delle mani in modo del tutto differente.

Una sera, il Buddha stava tenendo un sermone. Rivolgendosi ai monaci presenti tra il pubblico, alla fine del discorso egli disse: "Prima di andare a dormire, non dimenticate di fare la cosa più importante della giornata".

Sentendo queste parole, i monaci pensarono: "Non dobbiamo dimenticarci di meditare prima di dormire".

Tra il pubblico, però, era presente anche un ladro, che interpretò le parole del Buddha in un modo molto diverso. "Il Signore Buddha ha ragione", pensò. "Il cuore della notte è il momento migliore per rubare". Una prostituta pensò che quella notte, al ritorno dal sermone, avrebbe dovuto cercare qualche cliente. Ognuno interpretò le istruzioni del Buddha in base alla propria conformazione mentale.

Amma dice che, quando nella vita sorgono i problemi, noi tentiamo sempre di cambiare le circostanze, ma che in molti casi la sola soluzione appropriata è cambiare noi stessi, cambiare la nostra mente.

Durante uno dei programmi di Amma in Giappone, un devoto andò da un brahmachari di Amma e gli descrisse tutti i problemi che stata vivendo con la moglie. Il brahmachari lo ascoltò pazientemente e alla fine gli suggerì di andare al darshan di Amma con la preghiera mentale di aiutarlo a ristabilire l'armonia del suo matrimonio.

Quando fu tra le sue braccia, Amma gli sussurrò all'orecchio in giapponese: "Mio caro figlio, mio caro figlio", ma l'uomo fraintese le sue parole, e pensò che Amma stesse dicendo in giapponese: "Che cosa farai? Che cosa farai?".

Egli pensò: "Oh, Amma! Posso scegliere?". Sopraffatto dall'eccitazione, borbottò in un imperfetto inglese il suo segreto desiderio di avere un'altra moglie: "Amma! Cambiare moglie, per favore! Cambiare moglie, per favore!". Amma scoppiò a ridere di cuore e lo strinse di nuovo a sé. Dopo il darshan, il devoto comprese che tutte le persone vicine avevano udito la sua esclamazione e si sentì molto imbarazzato.

Ma quanto ritornò al darshan, la volta dopo, Amma gli disse: "Figlio, per favore, cambia mente, non moglie!". Sentendo il consiglio di Amma, l'uomo comprese la propria follia e prese la decisione di fare più sforzi per correggersi e salvare il matrimonio.

Mahatma come Amma sono veramente felici pur vivendo nello stesso mondo in cui viviamo noi. Sebbene affrontino le stesse situazioni difficili, sono sempre in pace. Quando Amma era piccola, dopo che aveva completato le faccende di casa, i genitori la mandavano a svolgere lo stesso lavoro presso una casa di parenti che distava circa dieci chilometri. All'inizio, per raggiungere i parenti Amma prendeva una barca ma, poiché i genitori avevano cominciato a lamentarsi della spesa, decise poi di andarci a piedi. Anziché compiangere il proprio destino, per tutto il lungo tragitto Amma era solita ascoltare il suono delle onde che si infrangevano contro la riva, o ripetere Om silenziosamente o cantare dolcemente al Signore. Amma confida che la gioia che provava durante queste camminate era al di là delle parole.

Nel suo *Sadhana Panchakam (Cinque versi sulla vita spirituale)*, il grande saggio Adi Shankaracharya ci ammonisce:

ekānte sukham āsyatām

*Vivi felice in solitudine.*

La solitudine menzionata qui non indica necessariamente solitudine fisica o isolamento. *Eka* significa "uno" e *anta*, "fine" o "meta". Quando la mente è impegnata in profonda contemplazione del guru, di Dio o dell'Atman, è focalizzata in una sola direzione. La mente diventa pacifica e rilassata. Questa è vera solitudine.

Naturalmente, possiamo anche essere soli senza qualcuno che ci disturbi nelle vicinanze, ma con una mente invasa da pensieri ed emozioni non può esservi pace o gioia.

C'era una volta un monastero con regole molto rigide. In base a un voto di silenzio, nessuno era autorizzato a parlare. C'era una sola eccezione a questa disciplina: ogni dieci anni, ai monaci era consentito proferire due parole. Dopo aver passato i primi dieci anni nel monastero, un monaco andò dall'abate. "Sono passati dieci anni", disse l'abate. "Quali sono le due parole che vorresti dire?".

"Letto... duro...", disse il monaco.

"Capisco", rispose l'abate.

Dieci anni dopo, lo stesso monaco ritornò nell'ufficio dell'abate. "Sono passati altri dieci anni", dichiarò il superiore. "Che parole vorresti dire?".

"Cibo... puzza...", disse il monaco.

"Capisco", rispose il monaco capo.

Passarono altri dieci anni, e il monaco si incontrò nuovamente con il superiore, che gli chiese: "Quali sono le tue due parole?".

"Vado via!", disse il monaco.

"Bene, capisco perché", rispose l'abate. "Non hai fatto altro che lamentarti!".

Perfino nelle circostanze più adatte, se la nostra disposizione d'animo non è corretta, non troveremo mai la pace mentale. Ma quando avremo raggiunto la vera solitudine, la mente sarà calma perfino in un centro commerciale. La mente è la causa della nostra sofferenza, e anche la causa della nostra gioia.

Una volta, per contribuire a generare sentimenti di armonia e fratellanza e per ispirare gli artisti in erba del suo istituto, la preside di una scuola media offrì un premio all'artista che con un dipinto avesse rappresentato meglio la pace. Dopo aver ricevuto e visionato molti lavori, la preside restrinse la sua scelta a due dipinti. Uno ritraeva un lago calmo che rifletteva perfettamente i verdi boschetti e le montagne coperte di neve alle loro spalle, il tutto sormontato da un cielo azzurro, punteggiato da soffici e bianche nuvole.

Il secondo dipinto ritraeva anch'esso delle montagne, ma ruvide e nude. Sopra di esse era dipinto un cielo nero e spaventoso, coperto da torreggianti nuvole temporalesche e da zig-zag di lampi di fulmini. Lungo il fianco della montagna tuonava una terribile cascata.

La preside convocò i suoi collaboratori perché vedessero i due dipinti e esaminassero quale fosse la migliore rappresentazione della pace. All'unanimità, essi consigliarono la preside di scegliere il primo; dopo tutto, anche uno sciocco poteva vedere che rappresentava la scena più tranquilla. Ma alla fine, la preside optò per il secondo dipinto. Uno degli insegnanti le chiese perché.

"Guardi attentamente", lo invitò la preside. E così l'uomo vide che dietro alla cascata, in una fessura lungo il fianco della montagna, c'era un piccolo cespuglio. In quel cespuglio, vicinissimo alla cascata, una mamma uccello se ne stava nel suo nido in perfetta pace. "Pace non significa essere in pace dove non c'è rumore, disturbo o duro lavoro", spiegò la preside. "Pace significa trovarsi nel bel mezzo di tutto ciò e rimanere calmi all'interno. Quella è la vera pace".

Raggiungere la padronanza della propria mente non è solo uno strumento per il benessere psicologico. Secondo le Scritture, si tratta letteralmente di vita o di morte. Spesso, l'ultimo pensiero nella mente al momento della morte gioca un ruolo importante nel determinare la nostra prossima vita.

Nella *Bhagavad Gita*, Sri Krishna dichiara:

antakāle ca mām eva smaran muktvā kalevaram
yaḥ prayāti sa madbhāvaṁ yāti nā'styatra saṁśayaḥ

*E chiunque, al momento della morte, nel lasciare il corpo, se ne andrà ricordando Me solo, raggiungerà il Mio essere: su ciò non v'è dubbio.*

(8.5)

Amma racconta la seguente storia.

C'erano due amici, uno molto interessato alla spiritualità, l'altro, invece, indifferente. Una sera, nella loro città fu organizzato un *satsang*[1] sulla *Bhagavad Gita*. Il primo voleva parteciparvi e chiese all'amico di accompagnarlo, ma l'altro non ne era attratto e preferì recarsi in un locale notturno. Ognuno andò per la sua strada. Dopo un po' di tempo, l'uomo al satsang cominciò a pensare. "Il mio amico se la sta spassando di certo. Sarei dovuto andare con lui". Nello stesso momento, l'uomo nel locale notturno stava

---

[1] Letteralmente, " incontro con la Verità". La più alta forma di satsang è il *samadhi*, ovvero il totale assorbimento nell'Assoluto. Satsang vuole anche dire essere alla presenza di un maestro spirituale, o in compagnia di altri ricercatori spirituali, la lettura di libri spirituali o l'ascolto di un discorso sulla spiritualità.

pensando: "Perché sono venuto qui? Questi balletti si assomigliano tutti; sarebbe stato molto più interessante ascoltare qualcosa sulla *Bhagavad Gita,* avrei almeno guadagnato del *punya* (merito)".

Entrambi morirono quella notte. L'uomo che era andato fisicamente al nightclub, ma la cui mente era stata su Sri Krishna, si ritrovò in paradiso. L'altro, la cui mente era rivolta al nightclub, si trovò in un posto meno desiderabile.

Senza compiere il necessario sforzo per padroneggiare la mente, non sapremo ricavare il meglio dalla vita presente, e il nostro futuro ne sarà anch'esso influenzato negativamente.

Una volta, un uomo si recò nello studio di uno psichiatra e disse: "Dottore, mi aiuti per favore. Penso di essere Dio".

"*Hmm*, molto interessante. Mi dica, com'è cominciato?".

"Beh, per prima cosa ho creato il sole, poi la luna, poi la terra e le stelle…".

Sebbene quest'uomo soffrisse semplicemente di allucinazioni, in definitiva è vero che siamo tutti Dio. La *Taittiriya Upanishad* (2.6.3) afferma: "L'essere Supremo pensò: 'Che io sia molti' e creò tutto quello che percepiamo. Dopo averlo creato, entrò in esso". Secondo il Sanatana Dharma, esiste solo Dio, e nient'altro.

Amma assicura che questo mondo di differenze apparenti è fondamentalmente un'illusione, e che se vogliamo realizzare la Verità Suprema dobbiamo trascendere completamente la mente, che è la sorgente stessa dell'illusione.

Sulla strada da una città a un'altra, durante uno dei tour indiani, Amma si fermò come al solito per servire il pranzo al gruppo del tour. Dopo che tutti ebbero finito di mangiare, Amma chiese a Ramu, un bambino di otto anni: "Dov'è Dio?".

Ramu indicò il cielo.

"No, all'interno", disse Amma, "Dio è dentro di te". E poi indicando le 400 persone radunate intorno a lei: "Dio è all'interno di ognuna di queste persone. Dobbiamo servire tutti, vedendoli come incarnazioni di Dio".

Amma chiese poi al bambino di spiegare il suo concetto di Dio.

"Dio ha creato il mondo e tutte le persone", disse Ramu.

"Il mondo non è una creazione di Dio", ha risposto Amma. "È una tua creazione".

Per illuminare questa profonda verità sono state scritte opere voluminose come lo *Yoga Vasishtha*: l'intero universo non è altro che una proiezione della mente. Ramu restò perplesso, quindi, fissando Amma negli occhi, alla fine disse: "Amma scherza".

Amma dichiara che tutto quello che vediamo in questo mondo viene percepito attraverso le nostre nozioni preconcette. Vediamo il mondo attraverso gli strumenti limitati della nostra mente e del nostro intelletto; questo spiega perché le Scritture dichiarano che ciò che consideriamo verità, non è la verità assoluta, ma solo una verità relativa, creata dalla nostra mente.

In modo simile, Amma dice che questo mondo che consideriamo reale, in effetti è solo un'illusione. Prendiamo l'esempio di una ciotola di argilla. L'argilla era presente prima che esistesse la ciotola e, se quest'ultima cadesse e si rompesse in mille pezzi, scomparirebbe come entità separata, mentre l'argilla che la formava rimarrebbe ancora. Perciò, la ciotola non ha esistenza in se stessa, non è altro che argilla. Per un certo tempo, l'argilla ha assunto la forma di una ciotola che, avendo natura temporanea, era reale solo relativamente. Non avendo un'esistenza separata dall'argilla, possiamo affermare che, alla fine, la ciotola non esiste, è un'illusione.

In modo analogo, quando Amma disse al bambino: "Il mondo è una creazione della tua mente", intendeva che il mondo della dualità è un'illusione creata dalla mente. Infatti, c'è soltanto Brahman, c'è solo Dio. Nel nostro stato attuale, però, nel mondo vediamo e sperimentiamo solo tanta dualità.

Amma sostiene che quello che chiamiamo l'illusione della dualità, non esiste veramente, è come le tenebre. Non possiamo rimuovere il buio in blocco e metterlo da qualche altra parte. La sola maniera di eliminare il buio è accendere la luce. Non appena accendiamo la luce, il buio scompare. Analogamente, le tenebre della dualità scompaiono non appena in noi sorge la conoscenza del Sé e vediamo unità ovunque.

Nella *Isavasya Upanishad*, a proposito dell'Atman si dice:

tadejati tannaijati tad dūre tadvantike
tadantarasya sarvasya tadu sarvasyāsya bāhyataḥ

*Quello si muove, Quello non si muove;*
*Quello è molto lontano, Quello è molto vicino;*
*Quello pervade ogni cosa,*
*e Quello è al di là di ogni cosa.*

(5)

Infatti, l'Atman è vicinissimo: essendo il nostro vero Sé, è più vicino anche della mente. È il fulcro dell'esistenza di ogni essere vivente e il fondamento dell'intero universo; non c'è nulla di più vicino dell'Atman. Ma si dice anche che il Sé appare lontanissimo perché è irraggiungibile dall'ignorante perfino in centinaia di migliaia di anni. Ciò non significa, però, che Dio sia crudele. L'eterna natura di beatitudine del nostro vero Sé è un segreto, anche se nessuno ce lo sta nascondendo deliberatamente, certamente non Dio o il guru. Questa conoscenza è celata a coloro la cui mente è oscurata dall'ego, nello stesso modo in cui una melodia è nascosta a un sordo, o certi colori a un daltonico. Rimane un segreto finché una persona idonea non appare a ricevere l'insegnamento. Amma dice di essere proprio in attesa che simili persone si presentino. Non facciamola attendere più a lungo! ✤

## Capitolo 7

# Sensi e sensibilità: come tenere sotto controllo la mente e volgersi all'interno

*Ho scoperto che tutto il male umano deriva da questo: l'uomo è incapace di sedere immobile in una stanza.*

– Blaise Pascal

Nel suo *Viveka Chudamani (Il gran gioiello della discriminazione)*, Shankaracharya dichiara:

dosena tivro visayah krsna-sarpa-visd api
viam nihanti bhoktram drastram caksus'pyayam

*Gli oggetti dei sensi sono più mortali
del veleno del cobra reale.
Il veleno del cobra è fatale solo se è assorbito,
ma, solo a vederli,
gli oggetti sensoriali possono causare la morte.*

(77)

Il veleno del cobra reale è letale: un morso di questo serpente e ci rimane soltanto mezz'ora di vita. Tuttavia, si dice che gli oggetti dei sensi siano ancora più pericolosi perché, mentre il cobra deve mordere per uccidere, un oggetto dei sensi può distruggere solo a guardarlo. Nel vedere qualcosa di desiderabile, vogliamo comprarlo e, nel tentativo avventato di farlo nostro, ci allontaniamo dal sentiero del dharma. Amma illustra questa verità con la seguente storia.

Una volta, un avadhuta stava ritornando al suo villaggio. A lato della strada c'era un enorme albero dal tronco cavo. Egli decise di riposare un poco all'ombra dell'albero. Dopo il suo pisolino stava per riprendere viaggio quando volle guardare all'interno del tronco. Nel vedere ciò che vi era nascosto, saltò come avesse ricevuto una scossa, e uscì gridando: "Pericolo! Pericolo! In quell'albero ho visto Yama, il Signore della Morte! Scappate e salvatevi!". Proprio allora, tre uomini stavano passando di là e chiesero all'avadhuta che cosa gli fosse successo. Egli spiegò che Yama li stava aspettando all'interno dell'albero e li avvertì di non avvicinarsi. Naturalmente, quando qualcuno ci dice di non fare qualcosa, ci viene subito voglia di farla, questa è la natura umana. I tre uomini decisero di andare a vedere di persona, pensando che l'avadhuta fosse un po' pazzo e domandandosi che cosa avesse visto veramente.

Quando guardarono nel cavo dell'albero, videro un tesoro di diamanti e altre gemme scintillanti. "Che idiota!", esclamò uno di loro. "Ha visto il tesoro e ha pensato che fosse il Signore della Morte. Il matto è andato via, che fortuna per noi!".

L'albero si trovava lungo una strada molto trafficata, con un continuo viavai di persone, perciò i tre complici misero uno di loro, chiamiamolo A, a fare la guardia. Li avrebbe avvertiti quando ci fosse stata via libera, in modo da poter dividere il bottino in tre parti. B e C, però, escogitarono segretamente un piano: concordarono di uccidere A, così da dividere il tesoro solamente in due. Poiché si stava facendo tardi, cominciarono ad avere fame e

B si offrì di andare a cercare da mangiare. Nel frattempo C si recò da A e gli confidò che B era un malvivente pronto a ucciderlo. A rispose: "Lascia che ci provi! Gli darò una bella lezione!".

B ritornò col cibo, al quale aveva mescolato del veleno per assassinare gli altri e tenere il tesoro soltanto per sé. Ma quando portò il cibo ad A, questi lo uccise di sorpresa, prese le vivande e andò a mangiarle insieme a C: alla fine morirono tutti. Qualche tempo dopo, l'avadhuta ripassò di là e vide i tre cadaveri. Gridò di nuovo: "Il Signore della Morte è vicino. State alla larga!".

La sola vista dei gioielli condusse questi tre uomini alla morte. Quante morti ha causato la sete dei beni materiali? È riferendosi a questo che Shankaracharya ha dichiarato che gli oggetti dei sensi sono più letali perfino del veleno del serpente.

Questo non significa che gli organi di senso siano nostri nemici: sono soltanto dei mezzi attraverso i quali la mente gode degli oggetti sensoriali. Gli occhi non gioiscono alla vista di nulla: riferiscono semplicemente l'informazione alla mente. Infatti, senza la partecipazione della mente, gli organi di senso non registrano niente. Quante volte siamo stati così assorbiti da un libro o da un programma televisivo da non sentire qualcuno che parlava proprio vicino a noi? Il vero colpevole è la mente, e non gli organi di senso. Se teniamo sotto controllo la mente, gli organi di senso ci lasceranno in pace.

Il primo passo per controllare la mente è sforzarsi di stare lontani dagli oggetti e dalle situazioni verso cui sappiamo di provare una debolezza. Amma dichiara che sarà difficile rinunciare alla cioccolata se ce ne andiamo in giro con dei cioccolatini nella borsa, o smettere di guardare la televisione se ne abbiamo una al plasma in camera da letto.

In ogni modo, non sarà di grande beneficio tenerci lontani dall'oggetto del nostro desiderio se poi continuiamo a pensarci. Per esempio, se stiamo meditando mentre l'aroma di un cibo delizioso arriva alle nostre narici, la mente corre in cucina e noi ci domandiamo quale sia la prelibatezza che si sta cucinando. Non possiamo alzarci fisicamente e andare in cucina perché dobbiamo rimanere a meditare, e quindi il corpo resta nella sala di meditazione, ma la nostra mente è in cucina: il corpo digiuna, ma la mente banchetta. Nella *Bhagavad Gita*, Sri Krishna dice:

> karmendriyāṇi saṁyamya
> ya āste manasā smaran
> indriyārthān vimūḍhātmā
> mithyācāraḥ sa ucyate

*Chi domina gli organi di azione*
*ma ha la mente ancora attaccata agli oggetti dei sensi,*
*culla illusioni ed è chiamato ipocrita.*

(3.6)

La nostra mente può essere paragonata a un recipiente d'acqua messo sul fuoco. Quando l'acqua bolle, per raffreddarla si aggiunge dell'acqua fredda; ma ciò funziona per poco e quando l'acqua torna a bollire, si aggiunge altra acqua fredda. Per evitare di dover aggiungere acqua fredda ogni due minuti, dovremmo versare l'acqua direttamente sul fuoco. Allo stesso modo, la nostra mente bolle a causa del fuoco dei desideri. Quando un desiderio è soddisfatto, la mente si raffredda – è tranquilla per un poco – ma poi sorge un altro desiderio ed essa torna a bollire. I desideri non hanno fine; ce n'è sempre un altro, e poi un altro ancora. L'unica soluzione è versare l'acqua della comprensione spirituale sul fuoco dei nostri desideri. Anche se non riusciremo a spegnere il fuoco, potremo certamente ridurre l'intensità delle fiamme. Quando comprendiamo che indulgere nei sensi è controproducente poiché ci allontana dal nostro vero Sé, non permettiamo a noi stessi di venire sviati dalla tentazione.

## Sensi e sensibilità

Nella *Bhagavad Gita* (18, 37-38), Sri Krishna spiega: "Quello che all'inizio sembra nettare ci porta al veleno; quello che all'inizio sembra veleno ci porta al nettare". Quando i nostri sensi prendono contatto con gli oggetti del desiderio in un primo momento ne gioiamo, ma questi stessi piaceri più tardi finiranno in dolore, quando gli oggetti naturalmente cambieranno o scompariranno. D'altro canto, la vera pace e la felicità conquistate controllando la mente, rinunciando al desiderio e facendo pratica spirituale, hanno un inizio amaro, poiché è difficile disciplinare la mente. Presto, però, scopriremo che la felicità che si trova nel mondo impallidisce se paragonata alla pace interiore che sorge dalla pratica spirituale regolare, per non parlare della beatitudine infinita della realizzazione del Sé.

Dopo aver spento la fiamma, possiamo togliere facilmente la pentola dal fuoco. Allo stesso modo, quando la nostra mente sarà relativamente libera dal desiderio, ci riuscirà più facile ritirare l'attenzione dagli organi di senso e rivolgerla all'interno verso l'Atman. ❖

## Capitolo 8

# Trascendere il desiderio

*Possiamo imparare la saggezza in tre modi:
il primo, il più nobile, la riflessione;
il secondo, il più facile, l'imitazione;
e il terzo, il più amaro, l'esperienza.*

– Confucio

Recentemente, ho notato il figlio di un devoto americano che leggeva un libro sul corpo umano. Come fosse un'interrogazione a sorpresa, gli ho chiesto: "Che cosa costituisce il settanta per cento del tuo corpo?". Senza batter ciglio, il bambino ha risposto: "La Coca Cola!".

In verità, ci sono due tipi di desideri: quelli naturali e quelli artificiali. La sete è un desiderio naturale, ma la voglia di bere soltanto bibite è un desiderio artificiale. Condurre una vita spirituale significa discernere tra desideri naturali e desideri artificiali e trascendere questi ultimi perché, se eliminati, possono farci risparmiare molta energia, sforzo e tempo, da utilizzare così per la pratica spirituale, il servizio alla società, o altri scopi creativi.

Poco dopo che Amma aveva annunciato i particolari del suo massiccio intervento di soccorso a seguito dello tsunami, una coppia australiana, che aveva incontrato Amma nella sua precedente visita in Australia, si trovava in auto diretta a un costoso ristorante dove avrebbe celebrato l'anniversario di matrimonio.

All'improvviso la donna disse: "Caro, quanto pensi che verrà a costare la cena di stasera?".

"Non pensarci, amore", rispose il marito. "Non badiamo a spese nel giorno del nostro anniversario!".

"Vedi, stavo proprio pensando", continuò la moglie, "che potremo spendere anche 200 dollari per la cena di stasera. Che ne dici se torniamo indietro e ceniamo a casa? Possiamo ordinare una cena per meno di venti dollari e inviare quello che resta ad Amma per le vittime dello tsunami".

Il marito gradì il suggerimento e, sapendo che il loro piccolo sacrificio avrebbe aiutato Amma a servire persone veramente bisognose, entrambi apprezzarono la loro semplice cena cinese più di qualunque altra cena di anniversario del passato. Inoltre, il marito fu così ispirato dall'idea della moglie che, il giorno dopo, ne parlò ai colleghi di lavoro. Quel fine settimana, egli fu in grado di inviare un assegno che includeva, non solo il denaro risparmiato da lui e sua moglie con la cena casalinga della suddetta sera, ma anche generose donazioni di molti suoi colleghi, che per quell'anno decisero tutti di fare lo stesso sacrificio nel giorno del loro anniversario di matrimonio.

La via più facile per trascendere i nostri desideri artificiali è trovarsi alla presenza di un vero maestro come Amma. Non voglio dire che arrivando da Amma tutti i desideri scompaiano immediatamente, ma è esperienza comune a molti devoti e discepoli che gran parte dei desideri svaniscono naturalmente. Io andai ad incontrare Amma sperando che il suo potere divino mi assicurasse un trasferimento in una banca più vicina alla mia città. La ragione principale per la quale volevo un trasferimento era che mi sentivo molto insoddisfatto dell'alloggio e del cibo nella città in cui lavoravo a quel tempo. Dopo aver incontrato Amma, però, cominciai a passare la maggior parte del tempo all'ashram, nonostante non vi fossero camere e il cibo fosse veramente scarso.

Alla presenza di Amma, ciò che per me era stato di primaria importanza scivolò in secondo piano.

Un giovane che accarezzava il sogno di un impiego come assistente di volo, ricevette all'improvviso l'offerta di lavoro da due differenti compagnie aeree. Incapace di scegliere tra le due, decise di chiedere l'opinione di Amma, ma durante il darshan non le pose neppure la domanda. Scelse invece di mantenere il suo vecchio lavoro nella città natale, vicino all'ashram, che gli avrebbe offerto molte occasioni di vedere Amma e di partecipare alle attività spirituali e di volontariato dell'ashram. Il suo desiderio di tutta una vita – volare – semplicemente svanì, rimpiazzato dall'aspirazione a qualcosa di più elevato.

Questo è un fenomeno strano ma comune. Molti vengono da Amma con centinaia di problemi, pensando: "Se confido ad Amma questi problemi, con la sua grazia, saranno risolti". Ma quando siamo vicini a lei, non sappiamo neppure articolare una parola, dimentichiamo tutto. Alla presenza di Amma siamo colmi dell'amore e della pace che lei irradia costantemente. Le sue vibrazioni divine ci riempiono e ci calmano. La gioia che proviamo alla presenza di Amma è una specie di assaggio della beatitudine eterna che giace in noi e che possiamo raggiungere realizzando la nostra unità con Dio.

Naturalmente, quando ci allontaniamo da Amma, i nostri desideri e problemi si ripresentano e ci ritroviamo nuovamente agitati. Tuttavia, possiamo imparare dall'esperienza che abbiamo avuto alla presenza di Amma. Ella ci dimostra che quando la mente è svuotata da tutti i pensieri e desideri, rimangono solo pace e gioia: vediamo il centro del nostro essere, che non è altri che l'Atman, o Dio. Il senso di beatitudine che proviamo alla presenza di Amma ci fa capire che la felicità che sentiamo quando abbandoniamo i desideri è molto più grande di quella che ci proviene dal soddisfare quegli stessi desideri.

Infatti, soddisfare un desiderio è il mero processo di eliminazione del desiderio. Per esempio, quando vogliamo un'auto sportiva, la compriamo, e il desiderio per un'auto sportiva scompare. Acquistando l'auto sportiva, ne eliminiamo il desiderio. Allo stesso modo, se noi eliminiamo semplicemente i nostri desideri artificiali – con la discriminazione, trascorrendo del tempo alla presenza di un maestro spirituale, o sostituendo il desiderio con qualcosa di più elevato – non dovremo attraversare tutte le seccature per realizzarli, e risparmieremo così molto tempo e molta energia.

Ovviamente, vi sono desideri e necessità veramente fondamentali, che possono essere considerati desideri naturali. Per il nostro stile di vita, potremmo aver bisogno di un'auto; è il desiderio artificiale di un'auto sportiva che, come aspiranti spirituali, vogliamo eliminare. Se il nostro obiettivo è la realizzazione di Dio è meglio stare lontani dal superfluo.

Durante il più recente tour del nord India, Amma si fermò per il pranzo in un prato sulla cima di una piccola collina. I devoti che viaggiavano con lei le si raggrupparono intorno e un devoto occidentale pose una domanda: "Amma, qual è l'atteggiamento da adottare quando siamo di fronte a un attaccamento molto forte – qualcosa con cui siamo così identificati da non potercene liberare?".

Amma rispose: "Se il tuo desiderio è intenso e cerchi di sopprimerlo, tornerà con maggiore forza. D'altra parte, anche se lo soddisfi una, due o tre volte, il desiderio continuerà a tornare, perciò non dobbiamo pensare che indulgendovi si sazierà".

Facendo l'esempio del desiderio di un partner, Amma disse: "Non se ne andrà neppure a cent'anni, e anche chi è sposato può continuare a essere attratto da altre persone. A un certo punto dobbiamo cercare di coltivare *vairagya* (distacco)".

L'uomo non si accontentò dalla risposta, perché aveva in mente un desiderio molto preciso. "Amma, voglio viaggiare con la mia barca dall'America all'India… è un progetto che ho da molti anni".

Amma gli chiese quanto tempo fosse necessario per navigare dall'America all'India.

"Da due mesi a 10 anni".

Sulla pacifica collina tutti scoppiarono a ridere.

"C'è qualcuno che l'ha già fatto?", gli chiese Amma. "Non è semplice come viaggiare in nave; sono coinvolti molti altri fattori".

L'uomo disse ad Amma che sì, molte persone avevano già fatto viaggi simili, e aggiunse che lui stesso viveva sul mare da ormai vent'anni.

"Perfino dopo vent'anni trascorsi in mare questo desiderio non ti è ancora passato", sottolineò Amma. "Perché non preghi Dio di farti nascere delfino la prossima vita!".

Di nuovo scoppiarono le risate, ma l'uomo protestò: "Il punto è come liberarmi della vasana. È questo che voglio!".

Vedendo il suo intenso desiderio di aiuto, la compassione di Amma fluì verso di lui: "No, soddisfare una vasana non la esaurirà mai. Il distacco che ne risulta è soltanto *smashana vairagya* (il distacco temporaneo che sorge quando si fa visita a un campo crematorio). Alla morte dell'amata moglie, un uomo può anche affermare: 'Non mi risposerò più', ma dopo un po' eccolo di nuovo sposato".

Amma poi consigliò all'uomo di studiare a fondo il percorso e tutti i potenziali problemi, e se il suo desiderio fosse stato ancora veramente forte, allora, di fare il viaggio. Ma Amma si chiese che cosa trovasse di tanto speciale nella traversata e glielo domandò, ed egli confessò di non saperlo veramente.

Amma poi gli disse che durante il viaggio avrebbe dovuto osservare costantemente la propria mente e riflettere. Gli disse di spezzare la traversata in più parti, di realizzarne una sezione e vedere come stesse reagendo la mente, poi, di fare lo stesso con la seconda e la terza parte del viaggio. "Ogni volta che termini una parte della traversata, guarda la mente, vedi se il desiderio di continuare persiste e se vuoi continuare, va avanti. Ma, quando avrai ultimato la terza parte del viaggio, se il desiderio dovesse ancora rimanere, dovrai comprendere che non se ne andrà mai. A quel punto, per favore, fermati".

Per concludere, Amma espresse il commento forse più penetrante del pomeriggio: "Gli sforzi che stai compiendo per il viaggio sarebbero meglio utilizzati per aiutare i poveri, comprando loro cibo e vestiti e occupandoti della loro istruzione. Fai un po' di introspezione per capire se il tuo desiderio non sia altro che un capriccio della mente".

Il consiglio che Amma diede a questo turbato marinaio si applica altrettanto bene ai nostri desideri. Non potremo mai esaurirli soddisfacendoli, e se li sopprimiamo, rimbalzeranno come una molla compressa e rilasciata di scatto. Invece di semplicemente reprimere i desideri, ad essi dovremmo sostituire idee e azioni nobili, e i desideri diminuiranno da soli.

Nel poema epico dei Purana c'è una bella storia. Un giorno, Kubera, dio della ricchezza, devoto del Signore Shiva, pensò tra sé e sé: "Il Signore ha preso le sembianze di un mendicante, ma quanto potrà raccogliere con le sue elemosine, con le quali deve prendersi cura del mondo intero, se la gente di questo mondo sta diventando egoista ogni giorno di più? Siccome il Signore dà al mondo la precedenza sulla propria famiglia, il figlio Ganesha forse non ha abbastanza da mangiare". Così pensando, Kubera invitò il Signore Ganesha per un grande banchetto. Ganesha arrivò al palazzo di Kubera e vide davanti a sé un pasto straordinariamente ricco. Kubera gli disse: "Mio caro Ganesha, ti prego di prenderne quanto vuoi, mangia a sazietà". Prima che Kubera potesse accorgersene, Ganesha aveva divorato l'intero pasto: non era avanzato nulla. Ancora affamato, Ganesha cominciò a mangiare i piatti, i cucchiai e i coltelli, perfino il tavolo, e quando ebbe terminato di divorare ogni cosa nella stanza, guardò Kubera. C'era qualcosa nel modo in cui Ganesha lo stava guardando che all'improvviso lo impaurì: Kubera se la svignò, e Ganesha lo rincorse. Correndo più veloce che poté, alla fine cercò rifugio presso il padre di Ganesha, il Signore Shiva. In effetti, si nascose proprio dietro a Shiva. Ganesha arrivò correndo ma all'ultimo minuto Shiva allungò il braccio, tenendo sul palmo aperto della mano un solo chicco di riso soffiato. Ganesha si fermò di colpo, prese con la proboscide il solitario chicco, se lo mise in bocca, e istantaneamente la sua fame cessò.

Anche se pensiamo che la nostra scontentezza – il persistente sentimento di incompletezza – sia la maledizione della nostra vita, è invece un dono di Dio. Indagando onestamente, con una mente pura, vedremo che tutti i nostri desideri, e i fallimenti, le frustrazioni e i dolori che affrontiamo nel cercare di soddisfarli, ci stanno conducendo a Dio. Come scrisse il monaco cristiano Jean Pierre de Caussade nel diciassettesimo secolo: "Dio non istruisce i cuori con le idee… ma col dolore e le contraddizioni".

In realtà, Ganesha rappresenta ognuno di noi, e il festino del re tutte le esperienze e le cose piacevoli del mondo. La storia ci insegna che il vuoto che sentiamo internamente – l'insoddisfazione, l'irrequietezza – non sarà mai soddisfatto tramite le cose del mondo. Il Signore Shiva rappresenta il guru che può offrirci il completo appagamento con una sola parola, uno sguardo o un tocco.[1] Proprio come un chicco di riso soffiato non può germogliare, così anche gli insegnamenti e la grazia del guru portano fine al ciclo di nascita e morte. Soltanto quando, guidati dal guru, realizzeremo la nostra unità con Dio, la nostra fame sarà finalmente placata e conosceremo la vera pace e il vero appagamento. ❖

---

[1] Il Signore Shiva è considerato il guru primordiale.

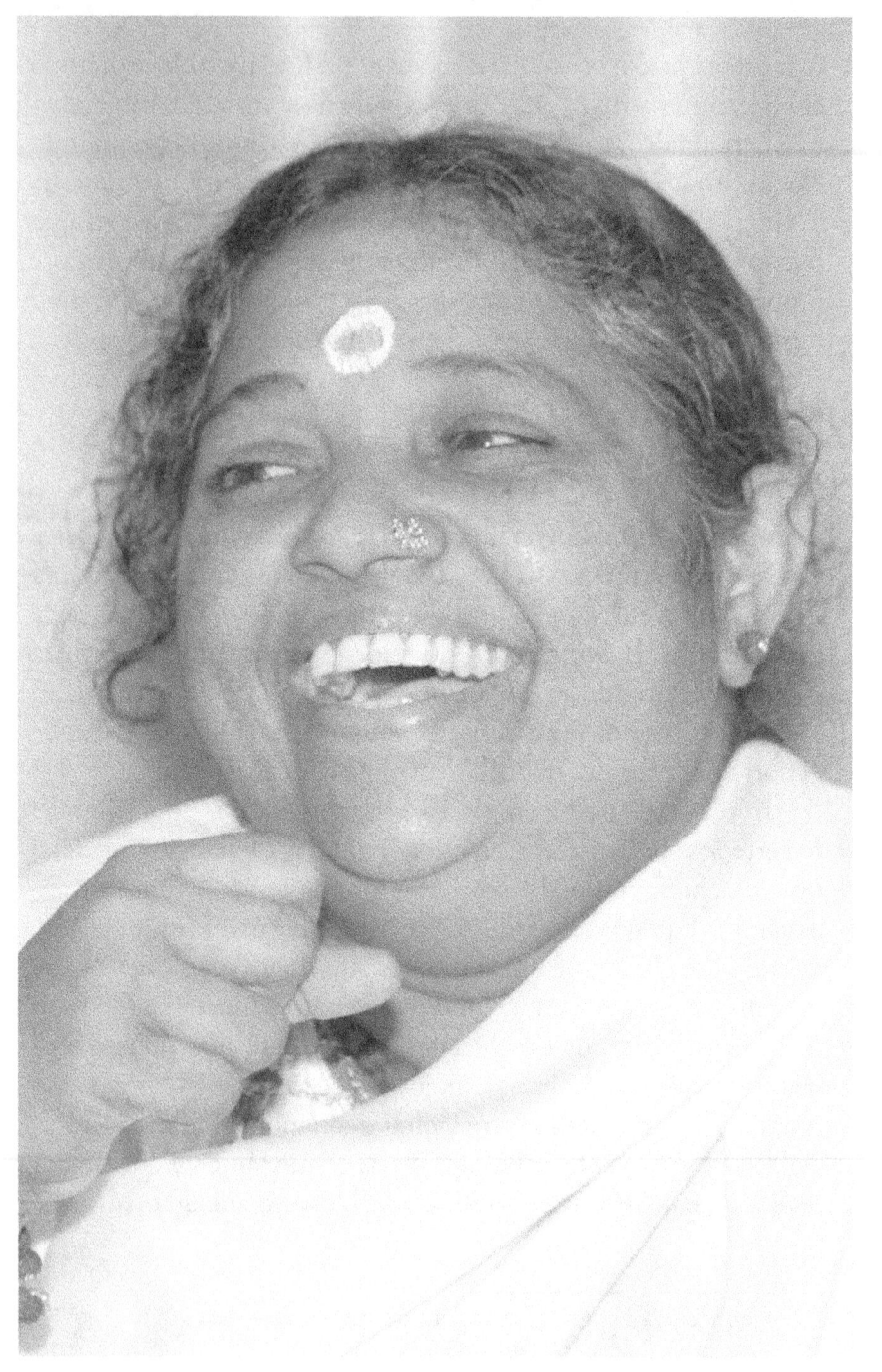

## Capitolo 9

# La vita oltre la morte

*"La morte non è la fine, è come il punto al termine della frase. È l'inizio di una nuova vita".*

– Amma

Alcuni anni fa, una donna occidentale e i suoi due figli si trasferirono all'ashram di Amma in India. I bambini provarono un'immediata attrazione nei confronti di Amma, le si affezionarono molto e passavano con lei diverse ore ogni giorno nella sua stanza, al termine del darshan quotidiano. In particolare uno dei due ragazzini aveva un legame molto stretto con Amma, ed ella era solita guardarlo amorevolmente negli occhi per un tempo che sembrava eterno. Il bambino non evitava mai lo sguardo e, mentre lei lo guardava, non batteva neppure le palpebre. Anche la madre si attaccò molto ad Amma, grazie al figlio. Tuttavia, dopo alcuni anni trascorsi all'ashram, sembrava che avrebbero dovuto lasciarlo, almeno per alcuni mesi, a causa di un problema familiare. Amma consigliò alla turbata donna di risolvere i problemi e poi ritornare il più presto possibile, ma la madre era inconsolabile, poiché si era così attaccata ad Amma e all'ashram da non sopportare il pensiero di lasciarli, neppure per un breve periodo.

Col tempo, divenne chiaro che almeno un breve soggiorno nel paese d'origine era inevitabile, così la madre e i due bambini prenotarono un volo, promettendo di ritornare al più presto. Un paio di giorni dopo la loro partenza, ricevemmo la tragica notizia che il giorno stesso dell'arrivo nel loro paese, la madre aveva avuto un infarto ed era morta sul colpo. Amma fu informata durante il darshan del mattino. Ella pianse per tutta la rimanente durata del darshan e, a intermittenza, anche nei giorni seguenti. Tutte le volte in cui la si vedeva piangere, parlava sempre della terribile angoscia che dovevano provare i due bambini. Sebbene Amma dica sempre che è chi rimane ad avere maggiore bisogno delle nostre preghiere, io continuavo a chiedermi perché Amma non aggiungesse mai qualcosa di più a proposito della madre deceduta. Quando incontrai nuovamente i due ragazzini rimasti orfani, ebbi la mia risposta.

Successe durante uno dei tour di Amma all'estero. Amma tenne a lungo i due bambini tra le braccia, baciandoli sulla fronte, accarezzando loro i capelli e la schiena. Il bambino più grande aveva una domanda per Amma: "Dove è andata nostra madre?".

"Vostra madre è con me", gli disse Amma. "Si è fusa in me per sempre".

In quel momento fungevo da interprete e, nel tradurre fedelmente le sue parole, ricordai però la citazione delle Scritture: "La liberazione è possibile soltanto attraverso *jnana*[1]". Pensai tra me e me che la madre non sembrava una *jnani* (chi ha raggiunto jnana), ma subito mi venne in mente la storia, già raccontata ne *Il Successo Supremo*, della liberazione accordata da un'Amma ragazzina a una delle capre di famiglia. E ricordai anche che il mahatma del ventesimo secolo Sri Ramana Maharshi aveva concesso *mukti* (liberazione) sia a sua madre, sia a una mucca dell'ashram, sebbene nessuna delle due avesse raggiunto jnana prima di morire. Per le persone comuni, naturalmente, le affermazioni delle Scritture

---

[1] Letteralmente, "conoscenza". Qui, jnana si riferisce alla conoscenza che la propria natura è Brahman, la Coscienza Suprema.

sono vere: non è possibile raggiungere la liberazione senza aver realizzato il Sé prima della morte. I mahatma, però, non sono vincolati dalle Scritture: attraverso la grazia di un mahatma come Amma tutto è possibile.

Una volta, un uomo del Tamil Nadu venne a incontrare Amma con alcuni amici. Durante il darshan, chiese ad Amma: "Puoi darmi la liberazione? Se sì, per favore, dammi un mantra". Amma disse: "Sì, ma non adesso... hai ancora del karma da esaurire in questa vita; torna più avanti". Dopo alcune settimane lo stesso uomo ritornò e chiese di nuovo un mantra. Amma rispose che glielo avrebbe dato, ma egli non sapeva che Amma, di solito, dà i mantra alla fine della giornata di darshan, e così se ne andò senza aspettare. La terza volta che tornò da Amma ebbe finalmente il mantra.

Poiché era il manager molto impegnato di una casa editrice, non aveva molto tempo per ripetere il mantra durante il giorno, ma per non perdere la possibilità di eseguire la sadhana che Amma gli aveva prescritto, ogni notte dopo la mezzanotte, sedeva per ripetere il mantra e meditare fino alle prime ore del mattino.

Oltre a questo, si impegnò per organizzare un programma di Amma nella sua città del Tamil Nadu. Anticipando questo evento, un brahmachari di Amma vi si recò a tenere un satsang per farla conoscere di più. Prima di presentare il brahmachari al pubblico, il devoto recitò al microfono: "Om Amriteswaryai Namah, Adi Parashakti, Amma, Akhilandeswaryai, Amriteswari..." (Mi inchino alla Dea Immortale, Primordiale Energia Suprema, Madre, Dea di tutto il creato). Mentre salmodiava, cominciò a oscillare avanti e indietro e alla fine cadde all'indietro. Sembrava essere stato sopraffatto dalla devozione, ma quando due volontari, che si trovavano lì vicino, accorsero ad assisterlo, si accorsero che aveva smesso di respirare. Lo portarono di corsa a un vicino ospedale, dove fu dichiarato morto. Era morto ripetendo il nome di Amma.

Il brahmachari che era andato per organizzare il programma mi telefonò immediatamente e mi chiese di informare Amma. A quel tempo, i brahmachari erano soliti recitare il *Lalita Sahasranama* (i 1000 Nomi della Madre Divina) come preghiera per l'anima di un devoto deceduto. Perciò informai Amma della morte del devoto del Tamil Nadu e le chiesi se quella sera dovessimo cantare il *Lalita Sahasranama* ma ella disse: "Le vostre preghiere non sono necessarie; ha già raggiunto la sua destinazione". Compresi che era diventato una cosa sola con l'Infinito.

In entrambi i casi, sapevo bene che era inutile mettere in dubbio le affermazioni di Amma sul destino dell'anima, perché io ero completamente ignorante su tali argomenti, mentre Amma aveva chiaramente dimostrato di avere una perfetta conoscenza – basata su esperienza diretta – della vita dopo la morte.

Approssimativamente venticinque anni fa, Swami Purnamritananda Puri (allora Br. Srikumar) trovò Amma seduta nella veranda del vecchio tempio[2] mentre annotava velocemente qualcosa su un quaderno. Quando lui si avvicinò, Amma si girò, nascondendo quello che stava scrivendo, e disse con voce severa: "Figlio, non avvicinarti!".

Swami Purnamritananda obbedì docilmente, ma si incuriosì ancora di più. Amma continuò a scrivere con rapita attenzione per più di due ore, riempiendo un paio di quaderni di un'ottantina di pagine. Alla fine, quando sembrò aver terminato, egli si avvicinò ad Amma e chiese: "Amma, che cosa stavi scrivendo?". Senza rispondere, ella di alzò improvvisamente e se ne andò, portando con sé i quaderni.

---

[2] Il tempio originale dell'ashram non era più grande di un ripostiglio ed era stato in precedenza la stalla di proprietà della famiglia di Amma. Riguardando indietro, sembra incredibile che Amma, che ora spesso tiene programmi in anfiteatri o stadi, potesse dare il darshan in uno spazio tanto angusto.

Passarono alcuni mesi. Un pomeriggio, mentre Swami Purnamritananda stava pulendo la capanna di Amma, l'attenzione gli cadde su una scatola di legno che si trovava sotto al letto. Egli aprì la scatola e all'interno trovò i due quaderni sui quali Amma aveva scritto alcuni mesi addietro. Nel leggere il contenuto di uno di essi rimase di stucco: in una prosa nitida e bella, Amma aveva rivelato i segreti dell'universo, come se le risposte fossero palesi e visibili per tutti. Improvvisamente, in distanza, udì Amma avvicinarsi, chiuse rapidamente i quaderni, li ripose nella scatola, che poi spinse sotto al letto.

Swami Purnamritananda non scordò mai i contenuti di quei quaderni e, alcuni anni dopo, quando un devoto volle pubblicare una collezione degli insegnamenti di Amma, andò nella capanna, estrasse la scatola da sotto il letto, e li recuperò. Inaspettatamente, come sbucata dal nulla, Amma entrò, glieli strappò dalle mani e si precipitò verso i canali. Mentre egli guardava incredulo, Amma stracciò i quaderni, strappandone le pagine e riducendole in pezzettini, che poi gettò nel canale.

Mentre Amma gli prendeva i quaderni, però, alcune pagine gli erano rimaste tra le mani. In esse era ritratto il viaggio che l'anima intraprende dopo la morte e prima di rinascere in un'altra forma fisica.

Da allora, Amma ha descritto verbalmente lo stesso processo in molte occasioni. Amma dice che quando il corpo muore, l'anima rimane intatta, proprio come l'elettricità sopravvive alla rottura della lampadina. C'è un'aura sottile che circonda il nostro corpo; come un registratore registra tutto quello che diciamo, così l'aura annota tutti i pensieri, le parole e le azioni della nostra vita. Dopo la morte, quell'aura entra nell'atmosfera nella forma di un palloncino insieme al *jiva* (anima individuale) e poi sale come il fumo di una sigaretta.

Le anime rinascono poi in base al loro karma. Tornando sulla terra come pioggia o neve, entrano nel terreno e diventano una sola cosa con le piante che, a tempo debito, danno frutta, verdure e cereali. Quando gli uomini mangiano questi alimenti, l'anima penetra nel flusso sanguigno. Il sangue diventa seme e alla fine l'anima entra nell'ovulo della donna per assumere un'altra forma fisica.

Le anime che hanno realizzato il Sé, invece, al momento della morte si fondono nell'Infinito come una goccia d'acqua che finisce nell'oceano, o come un palloncino che scoppia: l'aria all'interno si fonde con la totalità dell'aria. Per tale anima non ci sarà rinascita.

Proprio come non riusciamo a vedere un cristallo trasparente immerso nell'acqua, non siamo in grado di vedere l'anima; tuttavia, non possiamo per questo affermare che non esista. Abbiamo molti batteri nelle palpebre, e non vediamo nemmeno loro. La spiritualità è una scienza sviluppata tramite l'osservazione e verificabile con l'esperienza al pari della fisica, della chimica o della geologia, ma poiché l'oggetto di studio è molto sottile, gli strumenti richiesti per l'osservazione devono essere anch'essi molto sottili. Infatti, tutte le pratiche spirituali costituiscono solamente dei metodi per pulire o purificare i nostri strumenti interiori. Proprio come uno specchio sporco non fornisce un riflesso nitido, noi non riusciamo a percepire la realtà sottile se i nostri strumenti interiori sono oscurati da pensieri e desideri. Quando avremo ottenuto *antahkarana-shuddhi* (purezza degli strumenti interiori), la Verità ci sarà rivelata in tutta la sua gloria divina.

La descrizione di Amma della vita dopo la morte è perfettamente conforme agli insegnamenti delle *Upanishad*, sebbene ella non abbia mai studiato le Scritture. Si dice che i *Veda*, di cui fanno parte le *Upanishad*, siano il respiro di Dio. I mantra che li compongono non sono stati pensati da qualcuno, ma percepiti dai *rishi* (saggi, veggenti), e sono sempre esistiti nell'atmosfera in forma sottile. Amma non ha avuto bisogno di leggere le Scritture perché la sua visione è sufficientemente sottile da percepire queste verità. Per lei, l'universo è un libro aperto, e ogni sua parola è una *Upanishad*.

Ci si può chiedere perché mai Amma abbia stracciato i quaderni. Solo Amma lo sa con certezza, ma pensandoci mi sono ricordato di una storia sul Signore Shiva e il suo secondogenito, Skanda, che per potere divino aveva memorizzato tutte le Scritture del Sanatana Dharma – un insieme di opere troppo vasto da poter essere assimilato durante una vita umana. Un giorno, il Signore Shiva avvicinò il figlio e disse: "Poiché possiedi la conoscenza completa di tutte le Scritture e di tutti i rami della scienza vedica, sei perfettamente versato anche nella scienza del *jyotish* (astrologia vedica). Dimmi, per favore, che cosa è scritto del mio futuro?".

Skanda preparò obbedientemente un quadro astrologico per il padre. Esaminandola per un momento, alzo lo sguardo e disse: "Avrai due mogli, nessuna proprietà considerevole, e passerai tutta la vita come un mendicante senza avere un solo posto da poter chiamare tuo".

Ascoltando la predizione di Skanda, il Signore Shiva disse: "È vero che hai descritto con accuratezza il futuro, ma non conosci il modo corretto di dare le informazioni agli altri: hai reso disonorevole perfino la descrizione della vita di tuo padre. Che cosa dirai ai comuni esseri umani? Anziché presentare le tue predizioni in una luce positiva, parli in modo sconsiderato e con le tue parole ferisci gli altri. Perciò, dichiaro che, anche quando possederete l'informazione corretta – ora, luogo di nascita e posizione delle stelle in quel momento – tu e tutti quelli che studiano la scienza del jyotish non sarete in grado di predire nulla con completa esattezza".

Il Signore Shiva revocò all'umanità la capacità di predire il futuro con precisione assoluta. Allo stesso modo, penso che

Amma, strappando le pagine dei suoi scritti, scelse di non renderci mai noto il quadro completo di come funziona il mondo. Forse non siamo pronti ad affrontarlo. O forse, come disse una volta lei stessa, Amma si comportò come il principe che accetta di giocare a mosca cieca e, inciampando a destra e a sinistra con gli occhi bendati, cerca i suoi compagni nascosti. Se volesse, potrebbe facilmente togliersi la benda o dire ai suoi amici di uscire dal nascondiglio, perché a un principe chiunque deve obbedienza, ma ciò toglierebbe al suo gioco tutto il divertimento. ❖

Capitolo 10

# Ristrutturare il nostro DNA spirituale

*Parlate o agite con mente impura
e le difficoltà vi seguiranno
come la ruota segue il bue che traina il carro...*

*Parlate o agite con mente pura
e la felicità vi seguirà
come un'ombra, inevitabile.*

– Dhammapada

Sappiamo tutti che la nostra attuale condizione fisica è un prodotto del DNA, che a sua volta deriva dai nostri antenati, e che non può essere cambiato – ad eccezione di danni dovuti a certi agenti ambientali. Immaginiamo però che sia possibile, nei tempi dovuti, modificare a piacere e poco per volta il proprio DNA: naturalmente, la nostra condizione fisica cambierebbe. Questo non è possibile ovviamente per il DNA fisico, ma è possibile per quello spirituale – un altro modo di definire il karma accumulato in questa vita e nelle precedenti.

Il seme della sequoia gigante pesa solo pochi grammi, ma contiene il potenziale di un albero di 2500 tonnellate. Il seme è il prodotto della totalità dell'albero, o meglio la sua essenza, racchiusa letteralmente in un piccolo guscio. Se lo piantiamo, anche dopo mille anni, il suo DNA permetterà esclusivamente la crescita di una sequoia gigante, mai di un albero di banane.

Lo stesso vale per il nostro karma, il nostro DNA spirituale. Al momento della morte anche il corpo sottile è condensato in forma di seme. Quando si verificano le circostanze giuste, il nostro DNA spirituale porta frutto, proprio come, a tempo debito, il DNA contenuto in un seme matura in un albero.

In quanto esseri umani, siamo gli architetti del nostro destino. Ciò è vero non solo individualmente ma anche a livello collettivo. In una sessione di domande e risposte durante un tour internazionale, un giovane chiese ad Amma: "In tutto il mondo si vedono culture e tradizioni indigene cancellate dalla faccia della terra. Perché Dio consente che accada?". Nella sua risposta, Amma affermò che non è Dio ad eliminare queste culture, ma gli esseri umani, e che ognuno di noi ha una parte di responsabilità nella società in cui vive. Dio ci ha dato diversi talenti e l'energia per compiere le azioni: sta a noi fare buon uso di questi doni. Possiamo usare il fuoco per cucinare o per bruciare una casa, e se usiamo il suo potere per scopi nocivi non possiamo certamente dare la colpa al fuoco.

C'era una volta un vecchio falegname che aveva trascorso tutta la vita costruendo case senza però mai guadagnare abbastanza per comprarne una per sé; tuttavia, siccome voleva trascorrere più tempo con i nipoti, decise di andare in pensione lo stesso.

Quando informò il datore di lavoro dei suoi progetti, questi gli chiese di costruire ancora un'ultima casa come favore personale. Il falegname acconsentì, ma presto si vide che il suo cuore non era più sul lavoro: impiegava manodopera scadente e usava materiali di qualità inferiore. Fu un modo infelice di chiudere la sua carriera.

Infine, il falegname terminò il lavoro e l'appaltatore andò a ispezionare la casa. Fu sorpreso di vedere che, contrariamente alle sue abitudini, il falegname aveva fatto un lavoro così misero, ma non fece alcun commento. Invece, con rincrescimento, firmò e consegnò al falegname la chiave della porta di casa. "Questa è casa tua", disse l'appaltatore, "il mio dono per te". Comprendendo il proprio errore, il falegname fu desolato. Abbassando la testa per la vergogna, prese le chiavi della sua nuova casa.

Se avesse saputo che stava costruendo una casa per sé, il falegname avrebbe svolto il suo lavoro con molta più sincerità e attenzione. Ormai era troppo tardi: doveva vivere nella casa che aveva costruito.

In modo analogo, la nostra vita attuale è il risultato dei pensieri, delle parole e delle azioni passati. La nostra vita di domani sarà il risultato delle scelte fatte oggi e ciò non si applica soltanto a questa vita, ma anche alle vite passate e future. Ogni azione, buona o cattiva, ha il suo effetto. Una buona azione avrà un risultato positivo (per esempio, se aiuto qualcuno, qualcuno poi aiuterà me, un giorno) e una cattiva azione porterà un risultato negativo, o subito, o dopo molto tempo.

Come la legge di gravità, anche la legge del karma è precisa e immutabile, ma con la grazia di un mahatma, con fede e un piccolo sforzo, possiamo ristrutturare il nostro DNA spirituale e rendere il nostro destino almeno un poco più favorevole di quello che potrebbe essere, evitando una grande quantità di sofferenza.

Durante un programma di Amma in Tamil Nadu, un suo devoto stava svolgendo *seva* (lavoro volontario) quando, nel versare dell'acqua bollente da un recipiente a un altro, la mano gli scivolò e l'acqua gli andò sul braccio. La sua pelle cominciò immediatamente a coprirsi di vesciche e dopo esser stato medicato andò da Amma a raccontarle quello che era accaduto. Sebbene in quel momento non glielo avesse confessato, interiormente era rimasto molto turbato dall'incidente. Si chiedeva: "Come è potuta accadermi una cosa simile mentre svolgevo seva per Amma?".

Una settimana più tardi, quando Amma era già rientrata ad Amritapuri e il devoto ritornato al lavoro, ricevetti una telefonata da sua moglie. Era sconvolta. Nella fabbrica in cui lavorava il marito c'era stata un'esplosione, e molte persone erano state ricoverate con gravi ustioni. Aveva avuto notizia che suo marito si trovava tra le persone gravemente ferite e desiderava la benedizione di Amma per essere certa che tutto andasse bene. Non molto dopo, però, chiamò di nuovo, dicendo che, in verità, al momento dell'incidente suo marito non si trovava in fabbrica, perché era andato a svolgere una commissione e la persona portata all'ospedale era dunque un suo omonimo.

Un paio di giorni più tardi, il devoto venne personalmente da Amma ad esprimerle la propria gratitudine per avergli evitato una grave ferita. Era convinto infatti di non essersi trovato in fabbrica al momento dell'incidente solo per grazia di Amma.

"Perché avresti dovuto ustionarti adesso?", gli chiese casualmente Amma. "Non ti ricordi quello che è successo la settimana scorsa?".

Nell'udire le parole di Amma il devoto rimase sbalordito, e improvvisamente comprese che le ustioni più leggere che aveva subito qualche giorno prima, mentre svolgeva del seva al programma di Amma, erano state solo un male apparente da cui era derivato un bene. In quel modo, Amma lo aveva aiutato a esaurire il karma che altrimenti avrebbe dato i suoi frutti nell'incendio della fabbrica.

Quando mia sorella *purvashrama*[1] era molto giovane, fu colpita da debilitanti reumatismi. I miei genitori consultarono molti

---

[1] Dopo essere diventati sannyasi, non ci si riferisce più ai parenti biologici nel modo consueto, "mia madre", "mia sorella", ecc., perché un sannyasi dovrebbe aver trasceso ogni attaccamento e responsabilità verso la propria

medici e provarono ogni farmaco disponibile, ma nulla riuscì a curare la malattia. Come farebbero quasi tutti i genitori indiani, alla fine consultarono un astrologo alla ricerca di qualche cura spirituale. Dopo aver letto l'oroscopo di mia sorella, l'astrologo consigliò una serie di cerimonie del fuoco in larga scala, chiedendo ai miei genitori di ingaggiare una decina di sacerdoti e di fornire pasti gratuiti a brahmini poveri. Nonostante l'esosa spesa, i miei genitori seguirono le istruzioni dell'astrologo e nel giro di quattro mesi la salute di mia sorella fu ristabilita. Purtroppo, i sintomi della malattia ritornarono dieci anni più tardi. A quel tempo avevamo già incontrato Amma ma, nonostante ciò, i miei genitori pensarono comunque di dover ripetere gli stessi vecchi rituali per farla guarire, con la sola differenza che col passare degli anni la spesa per assumere i sacerdoti e svolgere le elaborate cerimonie era salita.

Quella volta, però, mia sorella era riluttante a partecipare: pensava che sarebbe bastata la grazia di Amma per guarirla. Quando parlò con lei del suo problema, Amma le diede un mantra chiedendole di ripeterlo ogni mattina e ogni sera per circa trenta minuti. Lei seguì le istruzioni di Amma e dopo sei mesi era guarita.

Le Scritture affermano che esistono tre tipi di karma. *Sanchita karma* è la totalità degli effetti che derivano dalle nostre azioni nelle vite precedenti. La parte di sanchita karma che sperimenteremo in questa vita è detta *prarabdha karma*, ed è la responsabile della nostra nascita attuale. Essere un uomo o una donna, malati cronici o sani come pesci, straricchi o poverissimi e innumerevoli

---

famiglia biologica. Se deve riferirsi ai parenti biologici, un sannyasi aggiungerà ai loro nomi il termine *purvashrama* (dal mio precedente stadio di vita). Per facilitare la lettura questa parola è stata omessa, eccetto la prima volta in cui nomino i miei parenti biologici.

altri fattori della vita sono determinati dal nostro prarabdha karma. È il DNA spirituale che portiamo in questa vita.

Per illustrare il prarabdha karma, Amma fa l'esempio dei gemelli, nati dallo stesso utero. Talvolta un gemello nasce cieco e l'altro perfettamente sano. Dio non compie deliberatamente cose del genere: questo è il risultato delle azioni che essi hanno compiuto nelle vite precedenti e, in ugual modo, dare alla luce un bambino disabile è anche dovuto al prarabdha della madre e del padre.

Durante questa vita, non solo completiamo il nostro prarabdha karma, ma intraprendiamo anche molte nuove azioni. I frutti delle azioni che compiamo nell'esistenza attuale si sommano al nostro credito e sono chiamate *agami karma*. Molto di questo agami karma darà frutto in questa vita, il rimanente sarà sommato al nostro sanchita karma dopo la morte. Quando il prarabdha karma si esaurisce, il corpo muore.

Dopo la morte del corpo, un'altra porzione di sanchita karma costituisce il prarabdha karma della nostra prossima nascita. In quella nuova incarnazione, creeremo nuovo agami karma e dovremo rinascere di nuovo per pagarlo. Questo è il *samsara*, il ciclo di nascita e morte; in tale ciclo ripetitivo sono intrappolati tutti gli esseri che rimangono ignoranti del proprio Sé.

Amma dichiara che esistono leggi spirituali invisibili proprio come vi sono leggi fisiche, quali le leggi di gravità e di galleggiamento. La legge del karma è una di queste. Se conosciamo la legge di gravità, faremo attenzione a non lasciare cadere nulla e, ugualmente, se siamo consapevoli della legge del karma, faremo attenzione a tutti i nostri pensieri, parole e azioni. In questo modo potremo ristrutturare il nostro DNA spirituale e creare per noi stessi un futuro sempre più favorevole al progresso spirituale.

Quando si realizza il Sé, l'agami karma e il sanchita karma vengono istantaneamente cancellati, poiché l'anima liberata realizza di essere l'Atman, l'eterno testimone. Se non c'è benzina nell'auto, non possiamo guidare anche se siamo al volante e, ugualmente, se ci troviamo coinvolti in un incidente, non possiamo dare la colpa alla benzina. Analogamente, è soltanto in presenza dell'Atman che il corpo, la mente e l'intelletto possono funzionare, ma l'Atman in se stesso non sta facendo nulla. L'Atman non compie nessuna azione e quindi non accumula alcun karma.

Poiché colui che ha realizzato il Sé è identificato con l'Atman, qualunque azione compia dopo la realizzazione non creerà più nessun karma. Dopo la realizzazione del Sé, rimane soltanto il prarabdha karma relativo all'attuale esistenza, e quando questo sarà esaurito, il corpo verrà meno. Tali anime liberate sono affrancate dal ciclo di nascita e morte.[2]

Anche se non saremo in grado di ottenere la liberazione in questa nascita, potremo almeno evitare di aumentare il peso del nostro sanchita karma non creando ulteriore agami karma. A questo scopo, dobbiamo imparare a compiere le azioni senza *kartrutva bodham*, cioè la convinzione di essere noi gli autori delle azioni. La via più facile per trascendere questa idea è considerarsi uno strumento di Dio. Amma afferma che dovremmo considerarci come una penna nelle mani di uno scrittore divino, o un pennello nelle mani di un pittore divino.

Finché seguiteremo ad agire pensando "io sono l'agente", o a desiderare di godere dei frutti dei nostri sforzi, continueremo ad accumulare karma. Questa catena del karma è ciò che ci tiene intrappolati nel ciclo di nascita e morte, ma se compiremo le nostre azioni offrendole a Dio, non saremo legati da esse o dai loro risultati, poiché tutto apparterrà a Lui. Certamente non possiamo

---

[2] Di propria volontà, tuttavia, potranno prendere un'altra nascita allo scopo di benedire il mondo, aiutare l'umanità sofferente e guidare i ricercatori spirituali verso la liberazione. Amma dice sempre di essere pronta a rinascere un infinito numero di volte per il bene dei suoi figli.

ferire gli altri o compiere cattive azioni giustificandoci dicendo: "Non sono io ad agire – è Dio che fa tutto". Le Scritture di ogni religione ci esortano sempre a essere pieni di amore e compassione verso gli altri e a comportarci in modo giusto e virtuoso. Se agiamo contro le indicazioni di Dio, non possiamo incolparLo di quello che abbiamo fatto noi.

Amma dice che quando abbiamo successo ce ne prendiamo tutto il merito, pronti a sottolineare che "sono stato *io* a farlo, *io* a renderlo possibile", ma puntiamo il dito nella direzione opposta quando i nostri tentativi falliscono, anche se è a causa di un nostro errore.

Un uomo anziano stava guidando in autostrada quando il suo cellulare squillò. Era sua moglie che in preda al panico gli disse: "Henry, ho appena sentito al telegiornale che sull'autostrada c'è un'auto che corre contromano. Fai attenzione tesoro, ti prego!".

"Non so da dove prendano le notizie", si lamentò Henry, "non è solo una, sono centinaia le auto contromano!".

Forse pensiamo: "Perché dovrei mettere tutto nelle mani di Dio? Sono il mio talento e le mie capacità che mi hanno permesso di avere successo". È esattamente questo atteggiamento che ci lega alle nostre azioni e ai loro risultati.

All'ashram di Amma, molte persone lavorano duramente senza aspettarsi nulla in cambio. Lavoriamo per ore e ore ogni giorno senza ricevere uno stipendio e siamo felici di poter offrire tutte queste fatiche ad Amma e al mondo. Questi sforzi sono davvero lodevoli, ma, pur avendo sicuramente portato a termine i nostri compiti con dedizione e amore, alcuni di noi possono comunque pensare: "L'ho fatto io; sono io che ho fatto tanto per Amma". Invece, dobbiamo cercare di coltivare la convinzione: "Qualsiasi cosa io faccia, è la forza di Dio che me lo permette!". In questo modo potremo raccogliere il pieno beneficio dell'azione altruista e anziché guadagnarci il paradiso, potremo eliminare l'ego e quindi andare oltre il merito e il demerito, il paradiso e l'inferno, e realizzare la purezza mentale che è il prerequisito fondamentale della nostra liberazione finale.

Nei tempi antichi visse un imperatore benevolo e potente di nome Mahabali; aveva conquistato tutti i mondi e anche i cieli. Il suo regno fu un epoca d'oro, e i suoi sudditi erano felici e appagati. Le loro vite erano prive di preoccupazioni. Parlando dei giorni della propria infanzia e della celebrazione di Onam, una festività dedicata alla memoria del regno di Mahabali, Amma ricorda che in ogni villaggio, i bambini di una sessantina di famiglie erano soliti riunirsi in un cortile dove organizzavano uno spettacolo e cantavano canzoni su Mahabali, quali:

māvēli nāṭuvāṇīṭuṁ kālaṁ
mānuṣarellārūm onnupōle

*Durante il tempo in cui regnava Mahabali,*
*tutto il genere umano viveva unito.*

Nonostante Mahabali avesse compiuto molte opere buone e il suo impero fosse pacifico, era un uomo pieno di orgoglio per i propri grandi successi. Per correggere il suo atteggiamento in modo che non ostacolasse la sua evoluzione spirituale, il Signore Vishnu decise di intervenire. Si incarnò nella forma di un giovane brahmachari, chiamato Vamana, e fece visita all'imperatore. La tradizione indù richiede che un ospite venga onorato come Dio stesso e che riparta soddisfatto; perciò, quando il ragazzo arrivò a palazzo, Mahabali gli chiese che cosa desiderasse. Vamana rispose: "Vorrei solo un pezzo di terra grande come tre dei miei passi, dove poter praticare le mie austerità".

Pieno di vanità, l'imperatore pensò: "Che cosa sono tre passi di terra per me, il sovrano di tanti mondi?". Con uno sguardo accondiscendente, dichiarò: "È questo tutto quello che vuoi? Potrei darti tre nazioni intere!".

"No", rispose Vamana. "Tre passi di terra sono tutto quello che chiedo".

Con uno sdegnoso movimento del capo, Mahabali pronunciò le parole: "Bene allora... Ti concedo i tre passi di terra – prenditeli!". In quel preciso momento, il giovane Vamana cominciò a crescere di misura. Crebbe e crebbe, finché la sua testa, poi le spalle e infine il corpo intero fino alle caviglie ebbero superato le nuvole. Con il primo passo, coprì tutta la Terra e con il secondo i mondi superiori del paradiso. Quindi la sua voce tuonò dall'alto: "Vostra Maestà, dove posso posare il terzo passo?".

Comprendendo che quella che aveva davanti poteva essere solo un'incarnazione divina, il grande imperatore si inchinò e disse: "O Signore, degnati di mettere il piede sul mio capo".

Sebbene qui solo sintetizzata, questa storia è piena di un simbolismo spirituale.

Con il suo primo passo, il Signore Vishnu strappò a Mahabali il mondo intero, distruggendo così il *mamakara* dell'imperatore, cioè il senso del "mio", che si manifestava come attaccamento al proprio impero.

Mahabali aveva compiuto cose magnifiche. Era stato uno fra i più caritatevoli e giusti governanti della storia del mondo, e aveva perciò guadagnato molti meriti. Ma considerandosi agente delle proprie azioni e fonte del proprio potere, aveva accumulato anche un orgoglio immenso legandosi così alle azioni e alle loro conseguenze. Finché non avesse smesso di ritenersi il soggetto agente, avrebbe continuato a rinascere, per esaurire il karma che stava creando per sé. Nonostante il suo karma fosse buono e gli consentisse di reincarnarsi nei mondi superiori, ciò non lo avrebbe liberato dal ciclo di nascita e morte. Posando il secondo passo nei regni celesti, però, il Signore Vishnu annullò tutto il merito accumulato da Mahabali. L'imperatore non avrebbe più dovuto esaurire il suo buon karma rinascendo nei mondi più elevati – pieni di piaceri limitati – e poté fondersi direttamente nell'infinito.

Col terzo passo, posandolo sul capo di Mahabali, il Signore Vishnu distrusse il suo senso dell'ego, *ahamkara*, e il re ottenne la liberazione. ❦

## Capitolo 11

# *Dare e sacrificarsi*

*Quanto lontano arriva il bagliore di quella piccola candela! Così splende una buona azione in un mondo oscuro.*

— William Shakespeare

Recentemente ho sentito la storia di una bambina affetta da una malattia rara e molto grave. La sua sola possibilità di guarigione era di ricevere una trasfusione di sangue dal fratello di cinque anni, che l'anno prima era riuscito a malapena a sopravvivere alla stessa patologia. Nel processo di guarigione, il suo corpo aveva sviluppato gli anticorpi necessari per combattere la malattia.

Il medico spiegò la situazione al fratellino e gli chiese se era disposto a donare il sangue alla sorella. Il bambino esitò per un momento, poi fece un profondo respiro e disse: "Sì, se questo salverà mia sorella, lo farò".

Mentre la trasfusione procedeva, egli stava nel letto accanto alla sorella e sorrideva, come il resto della famiglia, nel vedere il colorito tornare sulle guance della bambina. Lentamente, però, il volto del bambino cominciò a diventare pallido e il suo sorriso sbiadì. Egli guardò il medico e chiese con voce tremante: "Sto cominciando a morire adesso?".

Il bambino non aveva capito bene le parole del dottore e pensava che per salvare la sorella avrebbe dovuto donare *tutto* il suo sangue.

L'innocenza con cui questo piccolo bambino era pronto a rinunciare alla sua vita per la sorella è davvero eccezionale nel mondo odierno. È raro trovare qualcuno che doni agli altri con un cuore puro, sebbene a compiere opere buone siano in molti.

Quando Amma era giovane, una volta vide il fratello che dava dei vestiti a un povero, non tendendoglieli gentilmente, ma tirandoglieli addosso. Quando la sua famiglia serviva il cibo ai poverissimi (che a quei tempi erano ancora considerati intoccabili), si limitava a posarlo a terra e poi se ne andava. La sua famiglia sapeva che per ricevere la grazia di Dio si devono servire i poveri, ma non ne comprendeva il principio di base e, all'inizio, era sgomenta e scioccata nel vedere Amma che faceva il bagno agli indigenti, li nutriva e li confortava con le sue stesse mani. Lentamente, Amma li guidò a capire il principio dietro a questi atti di servizio: servizio ai poveri è servizio a Dio, perché Dio si trova nei poveri, Egli è ovunque. Attualmente, i membri della sua famiglia sono tutti divenuti suoi devoti, e molti di loro svolgono un servizio altruistico nelle istituzioni caritatevoli dell'ashram.

La *Taittiriya Upanishad* descrive l'atteggiamento da adottare nel compiere un atto caritatevole, affinché quest'ultimo possa ricevere il massimo del merito e della grazia.

> śraddhayā deyam, aśraddhayā-deyam
> śriyā deyam hriyā deyam
> bhiyā deyam, saṁvidā deyam

> *Donare con fede e mai in assenza di fede.*
> *Donare in abbondanza, con modestia e timore.*
> *Donare con comprensione.*

(1.11.5)

Dare con fede significa avere fede nella causa che si sta sostenendo. Non bisogna donare con un senso di costrizione, ma solo perché nel profondo del cuore si è certi che sia la cosa giusta da fare. Dare con modestia significa che non si deve mai essere arroganti circa la nostra disponibilità a donare. Bisogna sempre ricordare che vi sono altri che possono dare di più, e che in verità tutto appartiene a Dio – l'opportunità di servire gli altri è un dono prezioso che ci viene da Dio. Con tutto quello che Amma ha fatto per il mondo, continua ad affermare con umiltà: "Dio solo fa tutto, io non faccio nulla. Posso agire soltanto se Dio mi dà la forza".

Che cosa significa, dare con timore? Che bisogna stare sempre in guardia contro l'ego. Se si compie una buona azione, si tende a inorgoglirsi, e quindi a rinforzare l'ego. In questo modo, proprio quelle azioni che dovrebbero indebolire e alla fine eliminare l'ego servono, invece, solamente a renderlo più grande e potente.

*Samvida deyam* può essere interpretato in vari modi. Può significare che usando la giusta discriminazione ci si assicurerà che il dono vada a una persona che lo merita e che ne farà buon uso. Può anche voler dire di donare con jnana, ovvero la conoscenza che tutti gli esseri dell'universo sono forme differenti della stessa essenza divina e che quando si aiuta qualcuno, si sta in realtà servendo Dio.

La nostra idea consueta di carità e sacrificio è in realtà molto distorta. Compiamo i nostri cosiddetti sacrifici malvolentieri, pensando: "Oh no, devo *di nuovo* dare qualcosa!". Ma l'origine della parola "sacrificio" è qualcosa di completamente diverso, proviene dal latino *sacrificium* e significa "rendere sacro". Questo è esattamente il concetto che sta alla base del sacrificio: qualunque esso sia, offrendolo a Dio, diventa sacro e a noi tornano i frutti come *prasad*.[1]

---

[1] Ogni cosa benedetta da un satguru o da Dio è chiamata prasad.

Nella *Bhagavad Gita* (3.15), Sri Krishna dice ad Arjuna che il sacrificio è parte integrante della creazione, perché sacrifichiamo sempre una cosa per un'altra – la questione è solo se stiamo sacrificando l'inferiore per il superiore o il superiore per l'inferiore. Ogni giorno, agiamo come il sacerdote che presiede al tempio della nostra vita, offrendo ogni pensiero, ogni parola e azione sull'altare di qualche scopo o aspirazione, alto o basso che sia. Amma dichiara che, sfortunatamente, sacrifichiamo troppo spesso il superiore per l'inferiore. In questo modo, le nostre qualità umane – e con esse la nostra opportunità di raggiungere la pace interiore – sono sacrificate per il gusto di guadagni e piaceri temporanei.

Una volta, un uomo avvicinò con le mani giunte un sannyasi. "Oh, Swamiji", cominciò. "Porgo i miei rispetti a lei che ha sacrificato tanto".

Il sannyasi rispose: "Veramente sono io che dovrei inchinarmi a lei, perché il suo sacrificio è più grande del mio".

L'uomo rimase sorpreso: "Come può dire questo, Swamiji? Io vivo con la mia famiglia in una bella casa e posso comprare tutto quello che desidero".

"È vero che io ho rinunciato ai piaceri di questo mondo, ma l'ho fatto per raggiungere la pace eterna, mentre lei ha volontariamente sacrificato la pace mentale in cambio di tutti i problemi e i dolori della vita terrena. Quale sacrificio è più grande?".

Se osserviamo e imitiamo attentamente Amma, possiamo imparare a sacrificare l'inferiore per il superiore e non viceversa.

Alcuni anni fa, durante un programma a Madras, un lebbroso venne al darshan di Amma. Dopo che lo ebbe abbracciato, qualcuno le chiese come potesse rischiare tanto. "Io non potrei neppure pensare di fare una cosa simile", confessò quella persona.

Amma spiegò: "Ogni qualvolta mi trovo davanti a una situazione simile, mi chiedo: 'Vivo per me stessa o per il mondo?' Se vivessi per me stessa, non potrei farlo. Ma vivo per il mondo, e perciò devo farlo". (Naturalmente Amma non ha mai dubbi simili e si esprime in questo modo per dare un esempio col quale possiamo relazionarci). Ciò dimostra la forza della ferma convinzione di Amma di mettere i bisogni degli altri davanti ai propri.

Ricordo un'altra conversazione verificatasi nell'ashram di Amma in India alcuni anni fa. Swami Jnanamritananda Puri fu dapprima incaricato della tipografia, e poi anche della rivista spirituale mensile. Oltre a tutto questo, Amma gli chiese di occuparsi per qualche tempo delle scuole, e di alcuni nuovi progetti caritatevoli... il suo carico di lavoro continuò ad aumentare e continua tuttora.

Nonostante egli non si preoccupasse del peso del lavoro, tuttavia seguire quotidianamente i vari progetti significava dirigere la sua attenzione all'esterno per la maggior parte della giornata, mentre egli sentiva una forte inclinazione a ritirarla completamente dal mondo. Non appena ebbe l'occasione di parlare con Amma glielo fece presente: "Vorrei lasciare tutto per un poco, andare in un luogo isolato e immergermi in meditazione".

Quando Amma udì le sue parole, si illuminò in volto e rispose: "Sai, mi sento così anch'io qualche volta! Ma molto tempo fa ho offerto questa vita per il bene del mondo, perciò le mie preoccupazioni personali non hanno più importanza. Da tempo non c'è più nessun 'io' che possa lasciare il lavoro, o un 'me stessa' che possa sedersi in un luogo solitario. Tutto è per il bene del mondo".

Amma si era identificata per compassione con i sentimenti dello swami, ma gli aveva anche mostrato come superarli. Le parole di Amma rinnovarono il suo entusiasmo nel portare avanti i propri doveri con un atteggiamento di abbandono.

Amma apprezza molto i sacrifici compiuti dai suoi figli per il bene del mondo. "Dovremmo scrivere un libro su ognuno di loro", disse una volta. "Qualcuno dovrebbe girare anche un documentario sui discepoli e sui devoti di Amma che lavorano instancabilmente per amore degli altri, in India e all'estero – un simile documentario ispirerebbe le generazioni future".

Amma afferma: "Dovremmo essere come candele che danno luce al mondo anche mentre si sciolgono e si consumano bruciando. Quando la cera della candela brucia, non si scioglie solamente ma diviene combustibile per la fiamma: senza cera liquida la fiamma non esisterebbe; la cera diviene parte della fiamma, raggiungendo uno stato più sottile. Proprio come il compito della candela è di fondersi nella fiamma, lo scopo finale della mente è di fondersi in Dio".

Amma afferma: "I veri ricercatori spirituali desiderano servire gli altri attraverso il sacrificio. Il loro scopo è di avere una mente che dia gioia agli altri, dimentica delle proprie difficoltà. Essi pregano per questo. Amma sta aspettando persone così. La liberazione stessa verrà a cercarle e sarà ai loro comandi".

Se desideriamo conoscere il vero significato del sacrificio, ci basta guardare Amma, la Stella Polare del sacrificio e del servizio, che ci indica sia la direzione sia la meta. Per quello che riguarda la dedizione, Amma ha stabilito un record che non potrà mai essere superato: lavora ventiquattro ore al giorno. Finché non sarà inventato un giorno più lungo, nessuno potrà fare più di Amma per elevare il mondo; anche se non sapremo mai essere all'altezza del suo esempio, potremo almeno tenerlo bene presente come direzione da seguire.

Una notte, passando davanti alla camera di Amma alle 3:30 del mattino, un brahmachari notò una lucina provenire da un angolo della stanza. Il giorno dopo chiese spiegazioni all'assistente personale di Amma, che confessò che Amma era rimasta sveglia tutta la notte per leggere le lettere dei suoi devoti da tutto il mondo. Poiché gli swami si preoccupavano delle sue veglie fino alle ore piccole senza concedersi riposo, per leggere Amma

## Dare e sacrificarsi

usava una pila, in modo che essi non vedessero luci accese e non si accorgessero che era ancora sveglia.

Amma dà sempre priorità alla felicità dei devoti, anche a scapito della propria salute e comodità.

Una volta, durante un viaggio in India, la scaletta prevedeva una visita a casa di un particolare devoto, alla fine del programma di darshan. Poiché la folla era più numerosa del previsto, Amma era in ritardo di parecchie ore e gli ospiti dovettero attendere molto a lungo. Essi avevano preparato con grande amore delle pietanze speciali per Amma ed erano ansiosi che lei le assaggiasse. Alla fine, Amma arrivò e, dopo aver eseguito una breve *puja* (rito di culto), si diresse verso la sala da pranzo per distribuire il prasad. Gli ospiti avevano messo il cibo per Amma in un contenitore speciale, ma quando uno dei brahmachari lo aprì si accorse immediatamente che era andato a male. Egli sussurrò ad Amma: "Amma, il cibo è guasto, non mangiarlo!".

Amma gli fece segno di non dir niente e cominciò a mangiare con grande gusto, pur sapendo che il cibo era avariato e avrebbe potuto farle male. Dopo alcune cucchiaiate, chiuse il coperchio e disse: "Ad Amma piace molto, perciò lo porterà con sé e lo finirà più tardi". Poi distribuì come prasad per i devoti il cibo che era stato cucinato per gli swami e che non era avariato. In auto, più tardi, sottolineò: "È vero che il cibo era andato a male, ma se i padroni di casa lo avessero scoperto si sarebbero sentiti terribilmente tristi. Amma lo ha preso con sé per impedire ad altri di sentirsi male mangiandolo".

Nel maggio del 2006, Amma ha ricevuto il Premio Interreligioso James Parks Morton presso l'Interfaith Center di New York City. Come parte della cerimonia del premio, Amma ha tenuto un discorso sulla comprensione e la collaborazione fra le varie religioni.

# Il segreto della pace interiore

Prima di lasciare l'ashram in India per partecipare alla conferenza, Amma ha partecipato ad una sessione di domande e risposte con i residenti dell'ashram, come fa regolarmente per offrire loro l'opportunità di chiarire i propri dubbi e ricevere la sua guida. In quella particolare giornata, i residenti dell'ashram avevano solo una domanda: volevano che Amma parlasse del riconoscimento che andava a ricevere a New York. La risposta di Amma ci dice molto circa la sua prospettiva della vita: "Amma non ha rivolto nessun pensiero al premio; Amma non va a New York a ricevere un premio, ma perché l'Interfaith Center le ha chiesto di tenere un discorso". Amma ha aggiunto: "Il premio più grande che Amma possa ricevere è la felicità dei suoi figli, Amma non desidera altro premio".

Alla maggior parte dei residenti dell'ashram interessava quello che Amma avrebbe ricevuto a New York, mentre Amma era completamente centrata su ciò che avrebbe dato. Questo desiderio di donare è il centro dell'intera vita di Amma; ella dichiara: "La maggior parte delle persone si preoccupa solo di quello che può ricevere dal mondo, ma è solo quello che siamo in grado di dare agli altri che determina la qualità della nostra vita". ❖

## Capitolo 12

# Dalla rabbia alla compassione

*Per ogni minuto di rabbia si perdono
sessanta secondi di pace mentale.*

– Ralph Waldo Emerson

Come ogni anno, nel febbraio e marzo del 2006 Amma completò un tour dell'India, dagli stati meridionali fino a quelli più a nord, tenendo programmi in diciassette città. Inutile dire che chiunque, al posto di Amma, avrebbe usato l'aereo tra due tappe, risparmiando tempo per riposarsi. Negli anni, le folle sono diventate sempre più grandi, a volte avvicinandosi alle centinaia di migliaia di persone e lasciando un tempo molto limitato per gli spostamenti. Nonostante questo, Amma insistette per usare l'auto come negli anni precedenti, solo per offrire un po' del suo tempo ai residenti dell'ashram e ai devoti che seguivano il tour. Alcuni di questi viaggi estenuanti durarono ventiquattro ore o più; in taluni percorsi le strade erano così accidentate che sembrava avremmo fatto prima a piedi.

All'inizio di un viaggio che prometteva di essere particolarmente lungo e arduo, Amma annunciò di voler far visita alla casa di un devoto – lontana più di un'ora dal percorso prefissato. Sapendo che Amma non aveva riposato e ancor meno dormito nelle ultime ventiquattro ore, un gruppo di brahmachari cercò di dissuaderla dal fare quella sosta. Quando capirono che Amma non poteva essere convinta, alcuni di loro si arrabbiarono molto con l'uomo che l'aveva invitata a casa sua, ritenendo che fosse molto egoista e non gli importasse nulla se Amma avesse riposato o no.

Quando Amma arrivò nella casa, sedette di fronte all'altare di famiglia ed eseguì una puja, poi cantò un bhajan. Più il tempo passava, più i brahmachari provavano rabbia contro l'ospite. Finite le preghiere, Amma si recò in una delle camere da letto per parlare privatamente con l'uomo e sua moglie. Alcuni brahmachari la seguirono e, una volta all'interno, la loro collera scomparve all'istante.

Sul letto giaceva un bambino di circa dieci anni dal corpo terribilmente deforme. La testa era malferma e gigantesca in proporzione al corpo. I suoi arti non erano che pelle e ossa, completamente privi di muscoli, le mani ripiegate all'interno, inutilizzabili. Gli occhi vaganti si aprivano appena in una fessura ma, non potendo controllare il capo, il collo, o la direzione dello sguardo, non sarebbero serviti a molto in ogni caso. Tutta la sua esistenza sembrava un'agonia. La madre si inginocchiò al suo fianco e lo prese tra le braccia, ma il bambino cominciò a gridare. Non c'era modo che potesse sostenere la testa da solo e, anche se aiutato, ciò rappresentava per lui un'esperienza chiaramente straziante. Era ovvio che i genitori del bambino non avrebbero potuto portarlo fuori di casa, neppure per ricevere il darshan di Amma.

Non c'era un solo occhio asciutto nella stanza – la madre, il padre, Amma, perfino i brahmachari, che pochi momenti prima erano così arrabbiati, non poterono trattenere le lacrime quando Amma abbracciò il piccolo, accarezzandogli il petto e baciandolo sulla fronte. L'agonia dell'esistenza del bambino era riflessa nella profonda angoscia ed empatia negli occhi di Amma.

"Ho pregato per tre anni che Amma venisse a benedire mio figlio", confessò il padre del bambino con le guance rigate di lacrime.

"Proviamo amore e compassione verso le persone soltanto quando ci mettiamo nei loro panni e cerchiamo di capire i problemi che hanno e la situazione in cui si trovano", afferma spesso Amma. "Quando comprendiamo correttamente una situazione, la collera si trasforma in compassione". Un satguru non insegna ai suoi discepoli soltanto con le parole, ma crea le circostanze attraverso le quali essi possono arrivare a capire nel loro cuore la verità delle parole del maestro. Queste esperienze non verranno mai dimenticate.

Amma sostiene che quando vediamo qualcuno commettere un errore, anziché giudicarlo o pensare subito a punirlo, dobbiamo cercare di guardare la situazione dal suo punto di vista e capire che cosa lo abbia spinto ad agire in quel modo. Amma racconta il seguente aneddoto.

Una volta, una donna si recò al parco con i suoi due figli, li lasciò andare a giocare e si sedette su una panchina tutta sola. I bambini erano contentissimi e cominciarono a correre e a fare molto chiasso. Un uomo che stava visitando il parco era molto irritato dal loro comportamento. "Guardi, signora", si lamentò con la madre dei piccoli, "i suoi figli stanno disturbando chi vorrebbe godere di un po' di pace e quiete. Perché non fa in modo che si comportino bene?".

La donna non rispose al suo rimprovero, ma continuò a sedere silenziosa, tenendo il volto tra le mani. L'uomo rimase un po' sorpreso, e le chiese se stava bene. Alla fine, lei alzò lo sguardo ed egli notò che aveva le guance rigate di lacrime. "Pochi minuti fa, mio marito – il padre dei miei figli – è morto in un incidente durante un viaggio all'estero. Non ho idea di come dare la notizia ai miei bambini e di come fare per consolarli. Sono venuta qui solo per raccogliermi e trovare un modo per spiegare loro l'accaduto". A queste parole, l'uomo provò vergogna delle proprie parole sgarbate e chiese subito scusa per la mancanza di comprensione. Pieno di compassione, fece ogni possibile sforzo per essere gentile e aiutare la vedova e i suoi figli. Per consentirle di avere un po' più di tempo per raccogliere le forze, portò perfino i piccoli a mangiare un gelato, prima di accompagnarli tutti a casa.

La collera non è un'azione, ma una reazione. Evitare di compiere un'azione non è così difficile, ma superare le reazioni è molto più complicato e richiede un alto livello di consapevolezza. Per esempio, supponete di trovarvi dall'altra parte della stanza e che io vi chieda di avvicinarvi. Potrete farlo, non farlo, o anche allontanarvi. Dunque, riguardo ad ogni azione esistono tre scelte: compiere l'azione, evitare di compierla, o fare l'opposto, ma questo non vale per le reazioni. Senza un alto livello di consapevolezza, non sarà possibile scegliere come reagire a una situazione particolare. Per esempio, se vi chiedo gentilmente di arrabbiarvi con me, non vi sarà possibile ma, al contrario, se grido contro di voi, o vi rimprovero per qualcosa che non avete commesso, nella maggior parte dei casi, vi sarà impossibile *non* arrabbiarvi. Infatti, la collera non è un'azione che possiamo compiere a volontà, ma una reazione. Accade quasi automaticamente. C'è un piccolo spiraglio di opportunità di evitarla e le pratiche spirituali ci aiutano ad allargare questo spiraglio. Con le pratiche spirituali raggiungiamo una maggiore capacità di concentrazione e questo, a sua volta, accresce la nostra consapevolezza di ciò che accade sia dentro di noi, sia nel mondo intorno a noi. Un atleta molto allenato nelle arti marziali è in grado di sconfiggere facilmente gli avversari perché, avendo sviluppato una maggiore consapevolezza, dal suo punto di vista tutti sembrano muoversi al rallentatore. Analogamente, dopo aver svolto una regolare meditazione e altre pratiche spirituali per molto tempo, scopriamo di essere consapevoli del primo segnale di negatività che sorge in noi e possiamo usare la nostra discriminazione per evitare di parlare o di agire in base a questi sentimenti negativi.

## Dalla rabbia alla compassione

Alcuni anni fa, mi trovavo vicino ad Amma quando un'anziana signora venne al darshan. Quel giorno c'era una grande folla e Amma dava il darshan molto velocemente. Dopo il suo darshan, la donna ebbe difficoltà ad alzarsi e lasciare il posto alla persona successiva e poiché non volevo che Amma dovesse aspettare, cercai di aiutare la donna ad alzarsi e a spostarsi e nella mia impazienza fui un po' rude con lei. Amma si fermò per un attimo e guardandomi mi chiese: "Ti saresti comportato allo stesso modo se si fosse trattato di tua nonna?". La mia unica risposta fu chinare il capo per la vergogna.

Fondamentalmente, Amma dice che quando ci sentiamo arrabbiati con qualcuno, dobbiamo ricordare che il nostro Sé è lo stesso dell'altra persona. In un tal caso, con chi ci si dovrebbe arrabbiare?

La *Isavasya Upanishad* afferma:

yastu sarvāṇi bhutānyātmanyeva anupaśyati
sarvabhuteṣu cātmanam tato na vijugupsate

*Chi vede tutti gli esseri nel proprio Sé*
*e il proprio Sé in tutti gli esseri,*
*in virtù di quella realizzazione, non prova odio.*

yasmin sarvaṇi bhutanyātmaivābhudvijānataḥ
tatra ko mohaḥ kaḥ śoka ekatvamanupaśyataḥ

*Chi ha realizzato che tutti gli esseri*
*sono diventati uno con il proprio Sé,*
*e ha veduto l'unità dell'esistenza,*
*da quale dolore e da quale illusione*
*potrà essere sopraffatto?*

(6,7)

Durante un tour indiano, Ammā visitò per la prima volta una certa città e sebbene non sia una novità che più di 100.000 persone partecipino a un suo programma, quella era però la prima volta che tutte cercarono di ricevere il darshan nello stesso momento.

Per l'intera durata del darshan, i brahmachari, le brahmacharini e i devoti che viaggiavano con Ammā dovettero presidiare il palco per evitare una ressa pericolosa e, in effetti, la situazione fu tale che il satsang e i bhajan di Ammā furono ritardati di quasi un'ora e mezza, semplicemente perché nessuno voleva lasciare il palco. Ad un certo punto del darshan, Ammā in persona si alzò e parlò al microfono informando i presenti di non temere, che avrebbe dato il darshan a tutti, ma che dovevano avere pazienza e non spingere. Più tardi, Ammā commentò che in trentacinque anni di darshan non era mai accaduto nulla di simile.

Sulla strada verso la tappa successiva, sorse una discussione proprio sul darshan del giorno precedente. Una devota spiegò che a un certo punto aveva dovuto prendere un uomo per il collo della camicia per impedirgli di salire sul palco, ma si era accorta all'improvviso che stava tenendo stretta la camicia… senza l'uomo dentro!

La situazione era stata così tumultuosa che molte persone consigliarono ad Ammā di non fare più ritorno in quel luogo. Un brahmachari confidò ad Ammā di avere un suggerimento per l'evoluzione spirituale della gente di quella città: "Ammā, penso che il sentiero ideale per quelle persone sia quello della devozione", disse. "Proprio come successe alle *gopi* (pastorelle) di Vrindavan, dovrebbero passare tutta la vita desiderando il ritorno del Signore… che, però, non ritornerà mai più!".

Ammā rise alla battuta, ma mostrò di pensarla altrimenti: "Hanno devozione ma non conoscenza", spiegò. "Dove vi sono tenebre, c'è bisogno di più luce. Dobbiamo andarci più spesso, invece!".

## Dalla rabbia alla compassione

Mentre le persone che viaggiavano con Amma erano molto critiche nei confronti della condotta di quei devoti, Amma fu in grado di mettersi nei loro panni e capire il loro comportamento.

Amma ripete sempre che la collera è un handicap. Esattamente come un disabile non sa muoversi senza difficoltà, una persona collerica è incapace di interagire liberamente con gli altri: la sua rabbia divampa e avvelena le sue relazioni. Talvolta scopriamo che alcune persone colpite da gravi disabilità sono arrabbiate in modo cronico e non potendo incolpare qualcuno in particolare per la loro sofferenza, si arrabbiano con Dio. In certi casi questa rabbia le consuma tanto da renderle incapaci di compiere perfino quello che sarebbe altrimenti stato possibile, nonostante la disabilità. Perciò sono disabili due volte: a causa della menomazione fisica e a causa della collera. C'era un ragazzo, attualmente residente all'ashram, nato con una sordità parziale e una malattia congenita al cuore che gli resero difficile frequentare la scuola. Durante tutto il periodo scolastico ebbe risultati molto negativi, anche se era aiutato da un istruttore privato e riceveva tutta l'assistenza speciale che gli avrebbe consentito di avere successo. La sua famiglia e gli insegnanti ritenevano che non fosse molto intelligente ma, in verità, era pieno di risentimento per essere nato disabile e non era affatto interessato a compiere degli sforzi per superare la situazione. A undici anni, la sua famiglia conobbe Amma e alla fine decise di trasferirsi all'ashram. Amma gli dimostrò grande amore e incoraggiamento e riaccese la sua fede in Dio. Vedendo quanto Amma facesse per lui e quanto lavorasse per dare felicità agli altri, alla fine egli l'avvicinò e le chiese di poter svolgere qualche lavoro volontario all'ashram. Amma gli propose di aiutare il brahmachari incaricato del fax e dell'ufficio fotocopie dell'ashram. Avendo ricevuto questa responsabilità da Amma in persona, egli la prese molto seriamente e si dedicò anima e corpo ad apprendere tutto sul funzionamento delle macchine e sul software necessario al lavoro. Adesso conosce il lavoro perfino meglio del responsabile dell'ufficio, il quale passa i lavori più complicati a questo giovane pieno di talento. Durante lo svolgimento del suo lavoro incontra molti dei visitatori dell'ashram provenienti da tutto il mondo e così ha imparato i vocaboli inglesi relativi al suo lavoro, oltre alla propria madrelingua.

Amma racconta il seguente aneddoto.

C'era una volta una bambina paralizzata, destinata a rimanere su una sedia a rotelle per tutta la vita. Ogni giorno era solita guardare gli altri bambini che giocavano nel cortile vicino casa ma, non potendo unirsi a loro a causa del proprio stato, si sentiva sempre triste.

Un pomeriggio, mentre la piccola stava guardando fuori della finestra, cominciò a piovere nonostante splendesse il sole. Apparve un meraviglioso arcobaleno e la bambina, nel vederlo, fu così felice da dimenticare perfino la propria tristezza. Dopo alcuni istanti, però, l'arcobaleno scomparve, l'afflizione della piccola ritornò e lei sperò che l'arcobaleno riapparisse al più presto.

Ogni giorno, osservava il cielo piena di speranza, ma l'arcobaleno non appariva mai. Alla fine, la bambina chiese alla madre: "Mamma, quando potrò vedere di nuovo l'arcobaleno?".

La madre consolò la figlia dicendo: "Bambina mia, quando pioverà e contemporaneamente splenderà il sole, l'arcobaleno comparirà di nuovo". La piccola continuò ad attendere con grande aspettativa.

Nel fare ciò, dimenticò gran parte delle proprie sofferenze; pur continuando a vedere i bambini che giocavano nel cortile, cessò di sentirsi triste per la sua disabilità e, al contrario, era piena di speranza aspettando il ritorno del bellissimo arcobaleno.

Finalmente arrivò il giorno in cui cominciò a piovere col sole e l'arcobaleno ricomparve. La piccola era eccitata, voleva andare il più possibile vicino all'arcobaleno e insistette perché la madre ve la portasse. La madre sapeva che l'arcobaleno sarebbe scomparso molto presto, ma non voleva deludere la figlia, perciò guidò lungo le strade della città e alla fine le disse: "Fermiamoci qui, abbiamo una bella vista".

La bambina fissava l'arcobaleno come rapita. Con una voce dolce e gentile chiese: "Arcobaleno, come hai fatto a diventare così bello?".

L'arcobaleno rispose: "Io ero sempre triste come te e, sapendo di avere un così breve tempo da vivere, mi sentivo addolorato nel vedere tutte le scene di festa intorno a me. Un bel giorno pensai: 'Perché sentirmi infelice? Perché essere triste? Anche se appaio per pochi secondi, posso usare questo breve tempo per fare felici gli altri. Devo dimenticare la mia tristezza e rallegrare gli altri'. Quando sorse questo pensiero, cominciai a diventare sempre più bello: fu il pensiero di far felici gli altri che mi rese così colorato".

Mentre stava parlando con la bambina, l'arcobaleno incominciò a svanire. Quando fu scomparso del tutto, la piccola decise: "Anch'io, come l'arcobaleno, invece di commiserarmi voglio fare del mio meglio per rendere felici gli altri".

Possiamo pensare a un numero infinito di ragioni per sentirci tristi, sconvolti o depressi, ma anziché rimuginare sui nostri problemi, pensiamo a quello che potremmo offrire al mondo. Con la corretta disposizione d'animo e la grazia di un vero maestro come Amma, potremo trasformare le nostre negatività quali la rabbia, il risentimento e l'odio in amore e compassione.

## Capitolo 13

# *Il miracolo più grande è un cambiamento del cuore*

*"Dio crea dal nulla. 'Magnifico!', direte. Sì, certamente, ma egli fa qualcosa di più meraviglioso ancora: trasforma i peccatori in santi".*

– Søren Kierkegaard

Ci sono molte cose che non ci saremmo mai sognati di fare prima di venire a vivere con Amma. Generalmente, in una famiglia indiana tradizionale, la madre non lascerà mai che il figlio svolga qualche lavoro domestico. Non avevamo certo immaginato di trasportare sacchi di sabbia nel cuore della notte, di pulire gabinetti usati da centinaia di persone o di rimanere a piedi nudi, immersi fino alla coscia, in una fossa biologica. Prima di venire da Amma, non avremmo accettato di occuparci di cose simili neppure se ci avessero offerto una fortuna, ma, all'improvviso, ci siamo ritrovati a farle con gioia: alla presenza di Amma, abbiamo dimenticato tutto e siamo stati capaci di andare oltre il nostro condizionamento precedente.

Pur trovandolo inizialmente difficile, molti devoti rinunciano al loro attaccamento al cibo e ad altre comodità per vivere alla presenza di Amma. Cose che prima di venire da Amma avrebbero costituito un grande problema, ora non li toccano minimamente. Ricordo un fatto accaduto durante uno dei tour indiani di Amma che illustra in modo drammatico questo cambio di prospettiva. Nel gruppo del tour stava circolando un virus intestinale, che poteva essere curato facilmente con un breve ciclo di antibiotici ma, trascurato, avrebbe causato una terribile diarrea. Un partecipante al tour dimenticò di riferire i sintomi al medico, sicuro che le proprie condizioni sarebbero migliorate. Invece, nel seguente viaggio in autobus, proprio mentre stava per correre al bagno durante una sosta, perse il controllo delle viscere. Inutile dire che per lui fu un momento molto imbarazzante, ma i suoi compagni di viaggio gli dimostrarono molta compassione. Mentre alcuni uomini lo condussero in un luogo riservato per ripulirsi, il resto dei passeggeri uscì dall'autobus. Naturalmente, ci si sarebbe aspettata una discussione su chi avrebbe dovuto pulire. Il conducente dell'autobus? Di sicuro avrebbe dato le dimissioni piuttosto che assumersi un compito tanto disgustoso. Dunque, a chi sarebbe toccato? Avrebbero fatto testa o croce, pescato un bastoncino, o chiamato un servizio di pulizie?

In effetti, un dibattito ci fu ma, trattandosi di un autobus pieno di figli di Amma, fu una discussione completamente diversa. Tutti volevano essere gli unici a salire sull'autobus per pulirlo e, nello zelo di aiutarsi reciprocamente, finirono per arrampicarsi gli uni sugli altri. Alla fine, l'impresa divenne un lavoro di gruppo cui parteciparono quasi tutti: chi portando secchi d'acqua da un pozzo vicino, chi spargendo sapone, spazzando, strofinando, lavando e, per finire, asciugando il pavimento del bus. Come risultato, il bus era più pulito di quanto non fosse stato all'inizio, e così pure i cuori e le menti dei passeggeri.

Ovviamente, nella maggior parte dei casi una simile trasformazione non avviene nel giro di una notte. Amma afferma che, spesso, quando una persona si unisce all'ashram come brahmachari o brahmacharini, all'inizio si aspetta che gli venga assegnato un seva di suo gradimento. Per illustrare questo punto, Amma racconta la seguente storia.

Una volta, un uomo avvicinò un guru a mani giunte, proclamando di essere stanco di tutto quello che il mondo poteva offrirgli e di voler passare il resto della sua vita servendo il guru.

"Davvero?", rispose il guru. "E come vorresti servirmi?".

"Se me lo permette", disse l'uomo in tono rispettoso, "vorrei servirla come consigliere!".

Uno può avere un'elevata istruzione o aver lavorato come dirigente a capo di molte persone, ma all'inizio Amma gli chiederà di lavorare nella stalla, spalando letame e lavando e nutrendo le mucche. Amma dichiara che, in verità, il seva assegnato dal guru ha il solo scopo di aiutare a trascendere le preferenze e le avversioni. A questo scopo, il guru assegnerà a ciascuno proprio qualcosa che sa non avrebbe mai scelto.

Nei miei primi anni come brahmachari, sebbene vivessi già all'ashram, Amma mi chiese di continuare il mio lavoro in banca. Quando finalmente mi permise di lasciarlo, ero felice e sollevato al pensiero che avrei potuto svolgere più pratiche spirituali come gli altri brahmachari dell'ashram. In quel periodo, qualcuno regalò un furgone all'ashram e Amma mi scelse come conducente, perché ero il solo residente dell'ashram in possesso di una patente valida. Io ero felice di guidare per Amma e i brahmachari ogni qualvolta uscivano per tenere dei programmi. Contemporaneamente, però, Amma mi incaricò di acquistare il cibo e le altre provviste per l'ashram. Questo significava che dovevo guidare quasi tutti i giorni. Addio ai miei sogni di passare lunghe ore immerso nella pratica spirituale! Ovviamente partecipavo ugualmente alla maggior parte delle attività spirituali quotidiane che erano parte della routine dell'ashram: la ripetizione dei mantra, la meditazione, lo studio delle Scritture e i canti devozionali. Era mio desiderio impegnarmi in un numero di ore perfino superiore a quelle predisposte per queste pratiche ma, mentre guidavo, non era certamente possibile fare altro che ripetere il mantra che Amma mi aveva dato.

Alcuni anni dopo, presero la patente anche altri brahmachari: i miei giorni da autista arrivarono alla fine e di nuovo mi rallegrai dell'opportunità di rivolgermi di più all'interno. A quei tempi Amma aveva già iniziato i suoi tour intorno al mondo e devoti provenienti da molti Paesi avevano cominciato a fare visita all'ashram. Fu allora che Amma mi chiese di prendermi cura dei visitatori internazionali. Mi disse di trascorrere almeno cinque ore al giorno parlando con la gente e offrendo assistenza. "Amma, avevo pianificato di passare più tempo in meditazione e nelle altre pratiche spirituali, adesso che non devo più guidare", le dissi, "e ora mi stai chiedendo di trascorrere cinque ore al giorno parlando... che ne sarà della mia *sadhana* (pratica spirituale)?".

"È questa la tua sadhana", rispose Amma.

Sebbene all'inizio fossi esitante, scoprii che i devoti volevano principalmente parlare di una cosa sola: Amma. Questo mi aiutò a concentrarmi su Amma per tutto il giorno. Forse avete sentito parlare della meditazione in movimento, ma quella che Amma mi affidò fu certamente una nuova forma di sadhana: meditare parlando!

Allo stesso modo, qualunque cosa il guru ci chieda di fare diventa la nostra sadhana, e seguire semplicemente le sue istruzioni con sincerità e dedizione sarà altrettanto benefico delle altre pratiche.

Fino ad alcuni anni fa, ero solito eseguire l'*arati*[1] ad Amma all'inizio del darshan del Devi Bhava nei suoi tour all'estero. Un

---

[1] L'arati è tradizionalmente eseguito verso la fine dei riti di culto e consiste nell'ondeggiare della canfora che brucia davanti all'oggetto dell'adorazione. L'arati simboleggia l'abbandono: proprio come la canfora usata nel rituale brucia senza lasciare traccia, allo stesso modo anche l'ego si dissolve completamente nel processo di abbandono al guru o Dio.

giorno, Amma disse che alcune persone erano contrariate dal fatto che fosse sempre uno swami a compiere l'arati, e mai una swamini o una brahmacharini. Tenendo in considerazione il loro punto di vista, Amma disse che da quel giorno in avanti l'arati all'inizio di ogni Devi Bhava sarebbe stato svolto da Swamini Krishnamrita Prana.

Io rimasi un po' deluso di perdere quel compito, perché gioivo veramente nel fare l'arati ma, naturalmente, accettai la decisione di Amma con un assetto mentale positivo, ricordando che traiamo sempre beneficio dal seguire le istruzioni di un vero maestro, che ci piacciano o no.

Amma afferma che se andiamo da un medico con una ferita infetta, egli dovrà estrarre il pus; sentiremo del dolore, ma sarà per il nostro bene. Anche se gridiamo, un buon medico continuerà a drenare la ferita, sapendo che altrimenti peggiorerebbe, trasformandosi poi in un problema veramente serio. In modo analogo, noi soffriamo a causa della malattia del samsara e questo è il motivo principale per il quale andiamo da Amma. Quando arriviamo da lei con l'intenzione di realizzare il nostro vero Sé, diventa dovere di Amma rimuovere la negatività in noi. Naturalmente questo processo è doloroso; talvolta Amma dice qualcosa che ci ferisce l'ego oppure ci chiede di fare esattamente l'opposto di quello che vogliamo. In simili situazioni non dobbiamo fare resistenza, ma accettare le decisioni di Amma con la certezza che ci renderanno migliori. In fondo, incontriamo regolarmente circostanze analoghe al lavoro, anche se il nostro capo non è esattamente una persona spirituale ed è quasi certo che non riverserà su di noi la grazia divina. Perché non possiamo allora sottoporci allegramente a questo processo nelle mani di Amma? Il vero maestro non ci chiederà mai di fare qualcosa di contrario al dharma e la ricompensa sarà maggiore di quella che riceveremmo in un ufficio. Il solo scopo di Amma è di portare alla luce la nostra divinità.

Riguardo al modo migliore di accettare la disciplina del maestro, Amma ci racconta una storia su Sri Rama e sul suo amato discepolo Hanuman.

Una volta, il saggio Vishwamitra ordinò a Sri Rama di uccidere un re che inavvertitamente l'aveva offeso. Il sovrano era un uomo giusto e Sri Rama non era affatto felice di seguire quelle istruzioni, ma Vishwamitra era il suo guru e non poteva disobbedirgli, perciò si preparò ad esaudire la richiesta di Vishwamitra. Quando il re minacciato udì la notizia, corse da Anjana Devi, la madre di Hanuman, e chiese la sua protezione; ella gliela garantì ancor prima di sapere quale fosse la minaccia dicendo: "Non preoccuparti, mio signore, mio figlio Hanuman ti proteggerà da ogni pericolo".

Quando però il re confidò che era proprio Sri Rama a volerlo uccidere, Anjana Devi ebbe dei ripensamenti, perché non sopportava il pensiero che suo figlio dovesse combattere contro il Signore in persona. Ma Hanuman non le consentì di ritirare la parola data. "È tuo dovere proteggere chiunque cerchi rifugio in te", disse a sua madre. "Non consentirò che venga fatto del male al re. Dobbiamo affrontare il suo nemico chiunque egli sia".

Hanuman si rivolse allora a Sri Rama per perorare la causa del sovrano. Cadde ai suoi piedi e lo implorò: "Mio Signore, sii clemente con questo re! Non ucciderlo, è innocente! Lascialo andare".

Ma Rama non aveva alcuna intenzione di risparmiarlo. "Devo ucciderlo. Questa è la promessa che ho fatto al mio guru e non posso venir meno".

"Capisco la tua devozione e lealtà al guru", disse Hanuman, "ma mia madre gli ha fatto promessa di proteggerlo e io sono legato dal dovere di mantenere l'impegno preso, perciò, se vuoi uccidere il re, dovrai prima uccidere me! Finché ci sarà un alito di vita in questo corpo, non permetterò che venga ucciso".

Sri Rama afferrò l'arco e si preparò a coprire Hanuman di frecce. Hanuman, invece, non prese alcuna arma e neppure uno scudo, ma stette immobile con le mani giunte e, come sempre, continuò a ripetere il nome di Rama. Costretto a mantenere la propria parola, il Signore cominciò a lanciare raffiche di frecce contro il suo devoto.

Sebbene Sri Rama non avesse mai mancato il bersaglio in vita sua, non una sola freccia colpì il corpo di Hanuman, perché mentre stava per raggiungerlo, ogni singola freccia si trasformò in un bellissimo fiore. Grazie all'incrollabile devozione al Signore, perfino la collera divina si trasformò in una benedizione. Alla fine, Sri Rama dovette ammettere la sconfitta, vinto non dalla resistenza ma dall'amore e dall'accettazione.

Similmente, Amma afferma che il nostro amore e abbandono al guru devono essere così grandi da farci accettare come una meravigliosa benedizione anche la disciplina da lui impostaci.

Non si esegue l'arati ad Amma solo all'inizio del Devi Bhava, ma anche alla fine dei bhajan e durante la *pada puja* (lavaggio rituale dei piedi del guru) che si tiene ogni volta che Amma entra nella sala del programma. In queste occasioni l'arati è compiuto da un devoto sempre diverso o da gruppi di devoti. Durante la pada puja gli swami stanno dietro ad Amma e recitano mantra vedici, mentre i devoti lavano cerimonialmente i piedi di Amma ed eseguono l'arati. Alcuni giorni dopo avermi chiesto di non svolgere più l'arati del Devi Bhava, stavo seguendo Amma mentre entrava nella sala del programma per iniziare il darshan del mattino. Il devoto, che eseguiva l'arati ad Amma per la prima volta, fu improvvisamente sopraffatto dall'ansia, le sue mani cominciarono a tremare violentemente e rovesciò a terra la canfora ancora bruciante. Nella frenesia di allontanare la fiamma, sembrava che nessuno avrebbe eseguito l'arati. Per evitare una rottura della tradizione, balzai in avanti e presi il vassoio dell'arati dalle mani del devoto, che a quel punto aveva l'aria di preferire trovarsi in qualunque altro posto al mondo. Mentre gli altri swami terminavano di recitare i versi, eseguii l'arati ad Amma. In verità, durante quel tour, un simile incidente accadde altre due volte, rimovendo in me le ultime tracce di dispiacere per la questione dell'arati. Anche quando Amma ci chiede di fare qualcosa che non vogliamo, il suo amore materno e la sua grazia divina leniranno il colpo.

Alcuni anni fa un occidentale si unì all'ashram come brahmachari. Per qualche ragione, decise che gli sarebbe piaciuto passare tutto il tempo con i brahmachari indiani evitando di mescolarsi il più possibile agli altri occidentali. Divideva una stanza con brahmachari indiani, mangiava con i brahmachari e svolgeva anche il suo seva con gli indiani. Potevano passare intere giornate senza neppure parlare con un altro occidentale, nonostante all'ashram ve ne fossero parecchie centinaia. Un mattino, quando si alzò dopo la colazione di cibo indiano, circondato dai suoi fratelli indiani, pensò tra sé con grande soddisfazione: "Ah… la mia vita è perfetta! Trascorro tutto il mio tempo con i residenti indiani di lunga data, che hanno un'ottima influenza su di me, e non devo mai interagire con gli occidentali". Neanche quarantacinque minuti più tardi, il giovane ricevette il messaggio che Amma aveva chiesto di vederlo. Era la prima volta che accadeva, ed egli corse da lei con grande aspettativa. Quando le si inginocchiò davanti, Amma con dolcezza gli chiese: "Vorresti lavorare all'Ufficio Internazionale?". Questo è l'ufficio per stranieri dell'ashram, si occupa di ogni questione relativa ai visitatori internazionali dell'ashram, incluso l'alloggio. Con una sola frase di Amma, la "vita perfetta" del giovane era stata messa sottosopra.

In natura, vediamo che madre uccello spesso scaccia i piccoli dal nido per insegnare loro a volare. Analogamente, il maestro spirituale talvolta ci dà delle esperienze difficili per aiutarci a sviluppare la nostra forza. Ma proprio come madre uccello spinge fuori il piccolo solo quando è certa che sia pronto, così il maestro spirituale non ci metterà in situazioni che non sapremo affrontare. A volte, lottare è esattamente quello di cui abbiamo bisogno nella vita. Se ci fosse consentito di attraversare la nostra esistenza senza alcun ostacolo, non saremmo tanto forti quanto potremmo. Molti dei nostri talenti si manifesteranno solo nelle situazioni impegnative, o quando se ne presenterà il bisogno. Se non veniamo mai messi alla prova, le nostre capacità e attitudini intrinseche risulteranno soffocate.

Amma ha ripetuto innumerevoli volte che non desidera né ha bisogno di nulla da noi. Il suo solo desiderio è che superiamo le limitazioni interiori per raggiungere uno stato di vera felicità. Forse, qualche volta, pensiamo di stare servendo Amma, ma in verità, è solo lei che serve noi. Ella è già piena e completa: per essere felice non ha bisogno di nulla da nessuno ma, spinta dalla compassione, vuole portare anche tutti noi a quello stesso stato.

Naturalmente, non sono solo i residenti dell'ashram a essere stati trasformati da Amma. Per esempio, prendete gli abitanti dei villaggi vicini all'ashram. I lettori de *Il Successo Supremo* forse ricordano la storia di Amma che lancia il prasad alla gente del luogo mentre parte per un viaggio all'estero. Tanto tempo fa, le persone non uscivano di casa per vedere Amma passare e lasciavano a terra le caramelle del prasad – solo i bambini erano interessati. In tempi più recenti, però, vediamo scene molto diverse.

Quando Amma lasciò l'ashram per il tour europeo del 2005, i residenti dell'ashram, come sempre, fiancheggiarono i due lati del tragitto che va dalla stanza di Amma fino alla strada che costeggia la spiaggia. Ma quella volta, il percorso non terminò lì – perfino a un'ora così piccola del mattino, sembrava che l'intero villaggio fosse già sveglio e aspettasse in piedi davanti alle case con le mani giunte.

Di fronte a molte abitazioni erano accese delle lampade e intere famiglie – madri, padri, figli, nonni – si erano già lavati e aspettavano vicino alle lampade il passaggio di Amma. Il mantra *Om Amriteswaryai Namah* vibrava dolcemente in accordo alle onde che si frangevano sulla spiaggia.

L'auto di Amma si mosse lentamente lungo la strada, fermandosi a ogni lampada accesa. La gente del luogo allungò le mani e Amma vi pose delle caramelle. Dopo il passaggio di Amma, in molti piangevano. Qualcuno ripeteva ancora il nome di Amma, altri mormoravano delicatamente, la voce soffocata dall'emozione: "Mi ha toccato la mano... mi ha dato una caramella". Altri erano in silenzio, immobili, cercando di trattenere le lacrime.

Molte persone udirono i mantra e saltarono giù dal letto appena in tempo per catturare una immagine preziosa di Amma, mentre altre uscirono direttamente dal bagno con i vestiti bagnati e i capelli gocciolanti. La scena mi ricordò la storia, che Amma racconta spesso, delle gopi di Vrindavan. Una volta, le gopi udirono che Sri Krishna avrebbe danzato sulle rive del fiume Yamuna e, per questo, lasciarono quello che stavano facendo per correre da lui. Alcune si stavano applicando l'eyeliner e uscirono con un solo occhio truccato, altre si erano allacciate una sola cavigliera e chi stava lavorando in cucina aveva un aspetto orribile, perché si era involontariamente sporcata il viso di fuliggine. La gopi che stava servendo il pranzo al marito corse fuori con un mestolo in mano, mentre un'altra, che aveva udito il richiamo mentre stava spazzando il cortile, impugnava ancora la scopa. La sola menzione del nome del Signore fu sufficiente perché le gopi abbandonassero ogni occupazione e corressero verso le rive del fiume Yamuna.

Sulla trasformazione dell'atteggiamento dei compaesani di Amma, uno di loro, che fa il soldato, ha commentato: "Prima dello tsunami, tutti noi credevamo che il nostro protettore fosse Kadal Amma (Madre Mare), ma quando il mare ha iniziato a distruggerci, è stata Amma a proteggerci. Amma è più grande di Madre Mare".

Solo pochi giorni prima, gli abitanti locali si erano allineati lungo le strade in onore del 52esimo compleanno di Amma. Di nuovo, si trattava di qualcosa di diverso dal passato. Quell'anno per la prima volta hanno considerato il compleanno di Amma come giorno di festa. Nessun pescatore è uscito in mare e, più che un mero giorno di vacanza, ciò indica una forte differenza nell'atteggiamento dei nativi verso Amma. Grazie a tutto quello che ella ha fatto per loro dopo il devastante tsunami, non sorprende che essi abbiano scelto di considerare il giorno della nascita di Amma come un "giorno sacro". Si tratta delle stesse persone che gettavano sassi e gridavano insulti contro Amma, e che per molti anni si rifiutarono di mettere piede all'ashram.

Recentemente, il padre di un bambino iscritto presso l'Amrita Vidyalayam (le scuole elementari di Amma) venne al darshan di Amma. Aveva evidenti difficoltà nel trattenere l'emozione e non appena fu tra le braccia di Amma, cominciò a piangere, ma non lacrime di dolore, bensì di gratitudine e di gioia.

Pochi giorni prima, la scuola del figlio l'aveva invitato a partecipare a un evento che tutte le scuole di Amma organizzano ormai da molti anni. Per cercare di instillare nei figli rispetto e amore verso i genitori, le scuole dell'ashram organizzano cerimonie di gruppo in cui i figli lavano in modo rituale i piedi ai loro genitori. Il rito tradizionale si basa sull'ingiunzione della *Taittiriya Upanishad* (1.11.2): "Considera tua madre come Dio, e tuo padre come Dio!"

L'uomo guardò Amma negli occhi. "Quando mio figlio ha cominciato a lavarmi i piedi, mi sono chiesto: 'Chi sono io per essere adorato così? Non sono degno di una cosa simile'". Poi confessò ad Amma di non aver mai toccato i piedi dei propri genitori in tutta la vita, e ancora meno eseguito per loro una pada puja.

Ma l'uomo disse ad Amma che quando fece ritorno a casa, si sentì così ispirato dal gesto di suo figlio che, non appena rivide sua madre, le cadde ai piedi in atto di rispetto per tutto quello che aveva fatto per lui durante la vita.

"Quando ho toccato i piedi di mia madre, lei non poteva crederci", disse l'uomo. "Adesso, per la prima volta in trentasei anni, amo e rispetto mia madre: soltanto quando mi sono inchinato davanti a lei ho compreso veramente il suo valore. Mia madre mi ha poi benedetto con amore e affetto, dicendo: 'Con questo gesto hai annullato qualunque cattivo sentimento possa aver nutrito verso di te'".

Quindi l'uomo ringraziò ampiamente Amma per il suo impegno a ristabilire nelle nuove generazioni i valori tradizionali: "Amma, mi hai insegnato la grandezza della maternità. Ti sarò debitore per sempre. Tu sei la madre di tutti".

Nel febbraio 2005, quando dopo lo tsunami Amma fece visita ai campi di soccorso Tamil nello Sri Lanka, vennero al darshan di Amma un gruppo di soldati 'Tigri Tamil' – membri del LTTE (Tigri per la liberazione del Tamil Eelam) – e lo stesso fecero dei soldati delle Forze Speciali del governo cingalese. Gli eserciti cingalese e tamil sono impegnati dal 1983 in una brutale guerra civile, nella quale sono morte più di 60.000 persone.

Molti dei membri della LTTE che vennero per il darshan di Amma erano giovani donne, riconoscibili come militanti dai loro capelli corti, camicie maschili e larghi cinturoni per pistola. Quando le ragazze furono davanti ad Amma, i loro volti induriti divennero più dolci e un sorriso illuminò loro gli occhi. Non sicure che Amma parlasse tamil, chiesero a un ufficiale del governo, che in quel momento si trovava vicino ad Amma, di tradurre per loro.

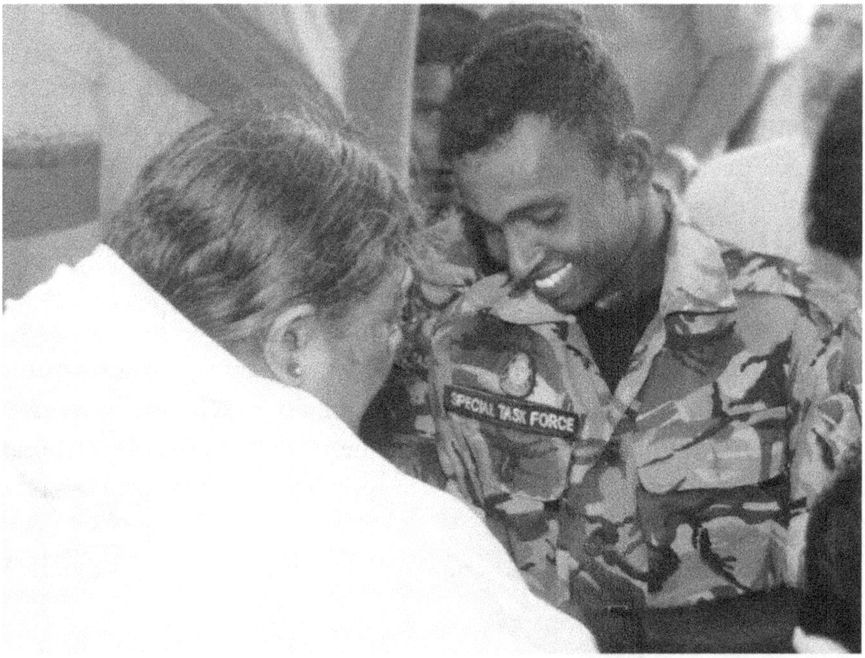

Quando Amma ha visitato un campo di soccorso del post-tsunami in Sri Lanka, sono venuti al darshan sia membri dell'esercito dello Sri Lanka, sia delle Tigri Tamil (LTTE).

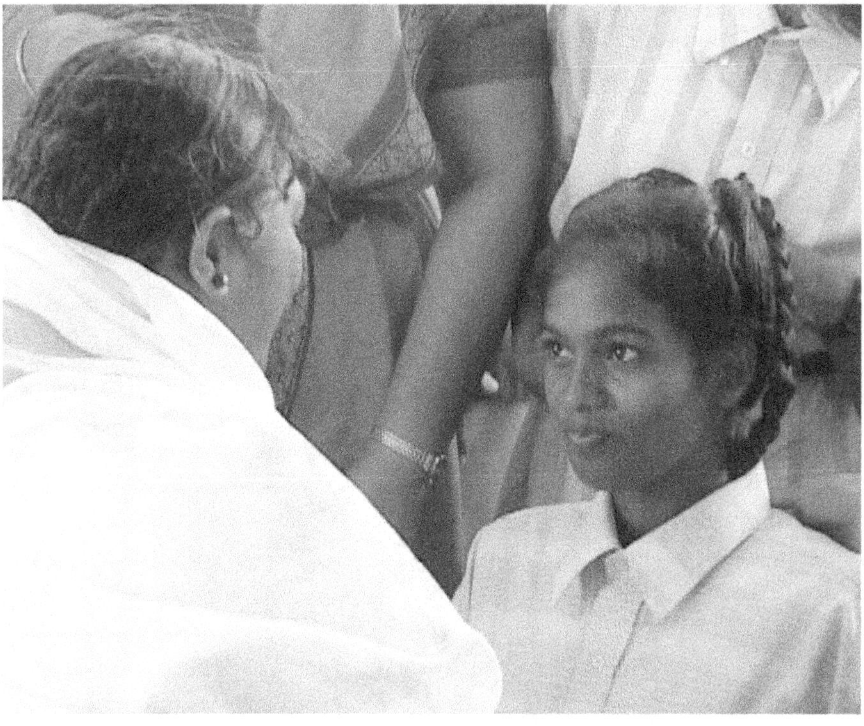

Questo fu forse il momento più straordinario di tutti: un gruppo di militanti chiedeva aiuto a un rappresentante del governo che aveva deciso di far cadere. L'ufficiale fu colpito nel vedere che i due gruppi erano venuti insieme senza spargere sangue o senza nemmeno una traccia di inimicizia. "Amma è la forza unificante", disse. "Solo Amma può riunire queste persone".

Una trasformazione simile è possibile soltanto alla presenza di un vero maestro. Amma dice che il miracolo più grande non è materializzare un oggetto in aria, perché non possiamo rendere manifesto qualcosa che non esista già nella creazione. Il più grande miracolo, afferma Amma, è creare una profonda trasformazione nel cuore degli esseri umani.

Questo è un miracolo che Amma compie ogni giorno della sua vita. ❖

## Capitolo 14

# *Parlare con Dio*

*"La preghiera non cambia Dio, ma cambia chi prega".*

– Søren Kierkegaard

Se la meditazione è la comunione silenziosa con Dio, la preghiera equivale a iniziare con Lui una conversazione. Amma dice che la vera preghiera è la riconoscenza, ma che la maggior parte di noi prega con qualche richiesta in mente; pochi pregano semplicemente spinti dalla gratitudine e dall'amore per Dio, senza aspettarsi alcun beneficio. Qualunque sia il motivo, l'ingrediente essenziale della preghiera è comunque la fede. Sono la fede e l'intensità che fanno sì che le nostre preghiere diano frutto. Amma fa l'esempio dello spedire una lettera. Anche se mettiamo il francobollo giusto, la nostra lettera non arriverà mai a destinazione se sulla busta non scriviamo anche l'indirizzo. Attualmente, anche se affermiamo di avere fede in Dio, la nostra fede è spesso molto superficiale. Amma racconta la seguente storia.

Un uomo che viveva ai piedi di una montagna aveva un'innamorata che abitava sull'altro versante. Tutte le volte che voleva vederla, doveva fare un lungo viaggio intorno al monte, che era troppo alto e infido per essere scalato. Un giorno si ricordò della citazione biblica che dice che per muovere montagne è sufficiente possedere la fede della grandezza di un granello di senape. Sebbene non fosse un così gran devoto, si immaginò di avere almeno *quella* quantità di fede, e ogni mattina sedeva con gli occhi chiusi pregando: "O Signore, per favore, sposta questa montagna così che io possa vedere la mia amata dal cortile di casa". Dopo aver così pregato, usciva in cortile a controllare se la montagna si fosse mossa; continuò così per molti mesi senza successo. Alla fine, sconfitto, l'uomo alzò le braccia al cielo, gridando: "Lo sapevo che non si sarebbe mai mossa!".

In effetti, la vera fede è molto rara. Si racconta di quel villaggio indiano che era stato colpito per molti anni dalla siccità. Dopo aver cercato in lungo e in largo, i suoi abitanti trovarono un sacerdote famoso per la sua abilità a portare la pioggia celebrando una elaborata *yajna* (rituale). Dopo aver predisposto tutto, arrivò finalmente il grande giorno. Migliaia di persone si riunirono per assistere alla cerimonia, conclusa la quale ci si aspettava immediatamente una pioggia torrenziale. Ma nonostante la grande folla, solo una persona portò l'ombrello: un bambino. Quando lo videro arrivare, alcuni presenti gli chiesero: "Perché hai portato l'ombrello? Il sole non è poi così caldo oggi!".

Il bambino rispose a sua volta con una domanda: "Non sta forse per piovere?". Malgrado gli abitanti del villaggio avessero fatto il diavolo a quattro per trovare un sacerdote che celebrasse la yajna, nessuno di loro credeva che sarebbe piovuto veramente. Tuttavia, la storia racconta che grazie alla fede innocente del bimbo con l'ombrello, la yajna ebbe un grande successo e, una volta conclusa, portò piogge torrenziali.

Quando abbiamo bisogno di aiuto non dimentichiamo mai di chiamare Dio, ma troppo spesso, quando si verifica una soluzione inaspettata dimentichiamo di dare a Dio il credito di aver risposto alle nostre preghiere. C'era una donna, una volta, che stava correndo a casa dopo un appuntamento con il medico. Il dottore aveva tardato e, nel momento in cui lasciò la clinica, la donna era in ritardo sulla sua tabella di marcia. Doveva ancora andare a prendere le medicine e poi i bambini dalla babysitter, tornare a casa, preparare la cena ed infine essere puntuale alla riunione genitori-insegnanti di quella sera. Mentre iniziava a girare intorno all'affollato centro commerciale cercando un parcheggio, cominciò a piovere a dirotto. Sebbene non fosse il tipo da disturbare Dio con un piccolo problema, mentre girava verso la fila più vicina all'ingresso, cominciò a pregare. "Signore, sai che giornata ho avuto e quante cose mi restino ancora da fare; potresti procurarmi un parcheggio in questa fila e già che ci sei, proprio vicino all'edificio, così che non mi bagni?". Aveva appena terminato la frase quando vide le luci posteriori di un'auto che usciva alla fine della fila: era il posto migliore di tutto il parcheggio, proprio vicino allo spazio per le persone disabili e di fronte all'ingresso del centro commerciale. Mentre parcheggiava nel posto ideale, disse: "Non preoccuparti, Dio, mi riservo la richiesta per un'altra volta, dato che è venuto fuori un posteggio senza il tuo aiuto!".

Amma dichiara che un vero ricercatore accetta ogni situazione della vita come un dono di Dio o del guru. La vera preghiera è sentire ed esprimere gratitudine all'Essere Supremo per tutto quello che abbiamo ricevuto. Non che Dio o il guru abbiano bisogno dei nostri ringraziamenti o elogi; è solo per il nostro bene ricordare che tutto è un dono, perché, almeno per la durata della preghiera, non saremo egoisti ma docili davanti a Dio. La preghiera sviluppa naturalmente l'umiltà e ci aiuta a riconoscere i limiti delle nostre forze.

In ultima analisi, siamo impotenti. Amma afferma che perfino la forza di muovere un dito ci viene da Dio. Mantenendo un atteggiamento interiore di devozione in ogni circostanza, potremo diventare umili e quindi invocare nella nostra vita la grazia divina. Amma dice: "La pioggia che cade sulla cima di una montagna non rimane là, ma scende verso il basso. Allo stesso modo, la grazia divina fluisce spontaneamente verso chi ha coltivato l'umiltà".

Amma dice che mentre ci gustiamo un pezzo di cioccolato, dovremmo riuscire a ricordare la casa produttrice e analogamente, mentre gioiamo del creato, dovremmo ricordarci del Creatore. Qualunque esperienza di vita, bella o brutta che sia, è il risultato del nostro prarabdha. Quando le esperienze sono belle non ci preoccupiamo e non ci lamentiamo mai. In modo simile, quando ci capitano esperienze brutte, possiamo trovare conforto nel fatto che in questo modo abbiamo esaurito un'altra porzione del nostro prarabdha negativo. E dobbiamo sempre ricordare che ci sono altri che stanno peggio di noi.

Una volta, un giovane era arrivato alla disperazione e, non vedendo una via d'uscita, si accasciò in ginocchio in preghiera: "Signore, non posso andare avanti così", disse. "Ho un peso troppo grande da portare".

Quando il giovane riaprì gli occhi, scoprì che l'ambiente era cambiato: si trovava inginocchiato in una stanza immensa e Dio stava davanti a lui. "Figlio mio", disse gentilmente il Signore, "se non riesci a sopportare il peso, deponilo in questa stanza. Potrai raccoglierne un altro a tua scelta".

L'uomo si sentì molto sollevato. "Grazie, Signore!", sospirò e, trovando che i suoi problemi e preoccupazioni avevano preso la forma di un fagotto sulle sue spalle, fece quello che gli era stato detto. Guardandosi intorno, vide molti diversi fardelli, alcuni così grossi che sarebbero state necessarie molte persone per sollevarli. Dopo aver vagato a lungo, alla fine scorse un piccolo pacco abbandonato in un angolo.

"Mi piacerebbe questo, Signore", sussurrò.

Il Signore rispose: "Figlio mio, quello è il fagotto che hai portato tu!".

Talvolta, quando le nostre preghiere non ricevono risposta, forse ci chiediamo se Dio ci ignori o sia in vacanza, ma dobbiamo ricordare che la prospettiva di Dio è molto più ampia della nostra.

C'è la storia di una formica che stava facendo *tapas* (austerità) per avere la visione di Dio. Aveva in programma di chiedere a Dio il favore di fare morire chiunque fosse stato morso da una formica. Dio sapeva che un simile favore sarebbe stato disastroso per l'umanità, ma, alla fine, il tapas della formica era stato così intenso che Dio non poté evitare di darle il suo darshan e di concederle il favore chiesto. Quando Dio chiese alla formica che cosa volesse, però, fece in modo che la richiesta della formica lasciasse qualche spazio all'interpretazione. La formica tutta eccitata esclamò: "Sì, mio Signore, ho qualcosa in mente – chiedo che ogni volta che una formica morde una persona, questa muoia".

A ciò Dio rispose: "La tua richiesta è esaudita:– ogni volta che una formica morderà qualcuno, la formica morirà". Dio scomparve prima che la formica avesse la possibilità di chiarire la sua richiesta. Fino ad ora, una formica che morda un essere umano ha una aspettativa di vita molto breve.

Amma ha spesso fatto notare che è solo grazie al fatto che Dio non risponde a tutte le preghiere che è rimasta una qualche armonia nel mondo. Pensateci un po': il barista prega per avere più clienti, il medico per avere più pazienti e il becchino una catastrofe.

Quando al mondo non vi sono mahatma, tutto si svolge esattamente secondo la legge del karma. Un mahatma, però, ha il potere di cambiare il nostro karma (sempre che abbiamo meritato la sua grazia) e in questo senso si può dire che mahatma come Amma siano perfino più compassionevoli di Dio. Come devoti di Amma, molti di noi hanno fatto l'esperienza che anche le più semplici preghiere ricevono risposta. Magari abbiamo pregato Dio per molto tempo senza risultato. Amma, invece, esaudisce le nostre preghiere molto velocemente, anche se non lo meritiamo. Se le chiediamo qualcosa che desideriamo – purché non ferisca qualcuno e sia in linea col dharma – ella ci aiuterà certamente.

Quando preghiamo un Dio invisibile, può essere difficile farlo con molta intensità, ma quando invochiamo qualcuno come Amma che possiamo vedere, sentire e toccare, siamo spontaneamente capaci di pregare con amore e fede più grandi. Questa intensità aiuta a far sì che le nostre preghiere ad Amma vengano esaudite.

Uno dei brahmachari di Amma mi ha raccontato la storia seguente. C'è un devoto occidentale di Amma che viene all'ashram in India ormai da molti anni. Generalmente partecipa al tour del nord India di Amma, ma un anno non si vide e, quando l'anno dopo ricomparve, il brahmachari gli chiese perché non fosse venuto l'anno precedente. Il devoto spiegò che durante il suo ultimo tour con Amma, un giorno ebbe l'occasione di sedere vicino a lei durante il darshan e di passarle la caramella e il pacchetto di *vibhuti* (cenere sacra) che ella consegna come prasad a ogni devoto. Mentre l'uomo era impegnato in questo servizio, venne al darshan una donna più o meno della sua età. Gli sembrò molto bella, e proprio il tipo di ragazza che aveva cercato per tutta la vita. Ora, ricordiamoci che eravamo in India e che quel giorno Amma stava dando il darshan a 30.000 persone o più e, perciò, molto velocemente. Mentre l'uomo le allungava il prasad successivo, pregò silenziosamente: "Amma, perché non mi trovi una ragazza dolce come questa?". In quel momento Amma fece una pausa, si girò e guardò l'uomo diritto negli occhi, lanciandogli un sorriso radioso, e poi tornò a dare il darshan.

L'uomo non pensò più molto all'accaduto, ma non appena fece ritorno al suo paese, incontrò una donna che assomigliava moltissimo alla ragazza a cui Amma aveva dato il darshan quella volta in India. Cominciarono a frequentarsi e presto si innamorarono. Amma aveva esaudito il suo desiderio.

La relazione continuò per la maggior parte dell'anno; questa la ragione per la quale non era venuto in India l'anno prima. Ma dopo qualche tempo, i due cominciarono a trovarsi in disaccordo su piccole cose che poi diventarono grandi e in breve si separarono a causa di "differenze inconciliabili".

Quando preghiamo che Amma o Dio ci concedano qualcosa che desideriamo – un'auto nuova, un lavoro migliore, una bella moglie o un marito affascinante – dobbiamo ricordare che tutte le cose del mondo vengono e se ne vanno, portando sia dolore che gioia.

Prima dell'inizio della guerra del Mahabharata, sia Arjuna che Duryodhana si recarono da Sri Krishna a chiedere il suo aiuto per vincere la guerra. Arjuna si presentò da parte dei Pandava e Duryodhana da parte dei Kaurava. Giunsero alla casa del Signore quasi nello stesso istante – Duryodhana solo pochi momenti prima di Arjuna – ed entrambi si diressero verso la stanza da letto dove Sri Krishna stava dormendo. A capo del letto del Signore, si trovava una sedia intarsiata e Duryodhana vi si sedette immediatamente. Arjuna, naturalmente umile nei confronti del Signore, rimase invece rispettosamente in piedi con le mani giunte accanto ai piedi del Signore e perciò, sebbene Duryodhana fosse stato il primo ad entrare nella stanza, quando Sri Krishna aprì gli occhi vide Arjuna per primo. Il Signore chiese ai due uomini che cosa volessero.

Duryodhana, capo dei malvagi Kaurava disse: "Mio Signore, voglio il tuo aiuto per vincere la guerra contro i Pandava. Poiché sono arrivato per primo, devi accettare la mia richiesta".

Sri Krishna era calmo: "È vero che sei arrivato prima, ma è stato Arjuna su cui sono caduti i miei occhi per primo. Perciò vi aiuterò entrambi. Uno di voi potrà avere tutto il mio esercito con i suoi milioni di soldati, elefanti, cavalli e carri, e l'altro potrà avere solo me. Non porterò armi né combatterò, ma sarò solamente l'auriga. Arjuna è più giovane di te, Duryodhana, e si dice che la scelta debba essere offerta ai più giovani. Dunque lasciamo che sia Arjuna a scegliere per primo".

"Prenderò te, mio Signore", disse Arjuna senza un momento di esitazione. "Solo tu sei il mio vero rifugio, e senza te dalla mia parte, non vorrei neppure vincere la guerra".

Duryodhana rise di gioia. "È una fortuna che il mio nemico sia un così grande stolto. Se fosse toccato a me, avrei comunque scelto il tuo esercito, famoso per essere rimasto imbattuto in ogni battaglia. Con le tue forze aggiunte alle mie, i Pandava saranno molto inferiori di numero, e io vincerò di sicuro la guerra".

Il resto, ovviamente, è storia: nonostante la grandissima forza dell'esercizio dei Kaurava, vinsero la guerra i Pandava.

Arjuna non chiese aiuto materiale: chiese solo la grazia e la guida del Signore e alla fine sia la prosperità che la grazia furono sue. A Duryodhana non rimase niente – neppure la vita.

Vale la pena ricordare anche la straordinaria preghiera di Kunti, la madre dei Pandava, ardente devota di Sri Krishna. Ella pregava sempre il Signore per una sola cosa: "O Signore, per favore dammi sempre più preoccupazioni, perché solo così saprò ricordarmi di Te". Se abbandoniamo Dio per il mondo, non avremo necessariamente quello che desideriamo – avremo quello che meritiamo. Rinunciamo quindi a pregare per la realizzazione dei nostri desideri materiali, e cerchiamo solo Dio e la sua grazia. La grazia divina conferisce sia la prosperità materiale che l'evoluzione spirituale.

Naturalmente, Amma ci incoraggia sempre a pregare per gli altri e per la pace e il benessere del mondo intero. Questa non può essere considerata una preghiera egoistica, perché quando preghiamo per gli altri, la nostra mente si espande.

Una volta, una nave naufragò durante una tempesta. Vi furono solo due sopravissuti, che riuscirono a nuotare fino a una piccola isola deserta. Qui, i due marinai in difficoltà concordarono di non avere altra risorsa che pregare Dio.

Per concentrarsi meglio nelle preghiere, si separarono e si sistemarono ai lati opposti dell'isola. La prima cosa per cui pregarono fu il cibo. Il giorno seguente, nella parte dell'isola abitata dal primo uomo, apparve all'improvviso un albero da frutta. Egli raccolse i frutti e fece un pasto sostanzioso. L'altra metà dell'isola rimase deserta, e il secondo uomo digiunò.

Dopo una settimana, il primo uomo decise che era troppo solo e pregò per avere una moglie. Il giorno dopo, un'altra nave naufragò e il solo sopravissuto fu una donna che a nuoto raggiunse la sua parte di isola.

Subito dopo, il primo uomo pregò per una casa, abiti e più cibo. Il giorno seguente, come per magia, tutte queste cose gli furono date. Il secondo uomo, invece, non aveva ancora nulla.

Alla fine, il primo uomo pregò per una nave che gli permettesse di lasciare l'isola insieme alla moglie. Il mattino, nella sua parte di isola, trovò una nave ancorata. Salì sulla nave con la moglie e decise di abbandonare il compagno.

Mentre la nave stava per salpare, dall'alto risuonò una voce. "Perché abbandoni il tuo amico?".

"Le mie benedizioni appartengono solo a me perché sono stato io a pregare per esse", rispose il primo uomo. "Tutte le sue preghiere sono rimaste inesaudite, e allora certamente non merita di essere salvato".

"Ti sbagli!", lo rimproverò la voce. "Lui ha avuto una sola preghiera, ed è quella che io ho esaudito. In effetti, se non fosse stato per la sua preghiera, tu non avresti ricevuto nulla".

"Per che cosa ha mai pregato che io gli dovrei essere debitore?", chiese l'uomo.

La voce rispose: "Ha pregato che tutte le tue preghiere fossero esaudite".

Amma chiude sempre i suoi programmi con una preghiera per il mondo intero. Recentemente, ha chiesto ai suoi figli di ricordare in particolare coloro che avevano perso la vita o i propri cari nelle calamità verificatesi in varie parti del mondo. La preghiera di Amma abbraccia tutti – le vittime del recente terremoto in Kashmir e Pakistan, delle alluvioni di Bombay e in Sud America, dello tsunami del sud-est asiatico, degli uragani in America, dei tumulti in Iraq, e anche delle guerre e degli atti di terrorismo.

"Le tragedie che stiamo vivendo non sono finite", ha detto Amma alla fine del 2005. "La natura continua a essere arrabbiata e agitata. Solo la brezza fresca e gentile della grazia divina può allontanare le nuvole della rabbia, dell'odio e della vendetta. Preghiamo perciò con cuori sinceri". Molti devoti di Amma si sono ricordati che Amma aveva avuto ragione, nel passato 2002, a predire che il 2005 sarebbe stato un tempo di tragedia per l'umanità. In quell'occasione aveva chiesto ai suoi figli di tutto il mondo di riunirsi per *Amritavarsham50*, le celebrazioni del suo 50esimo compleanno, che assunse così la forma di una preghiera collettiva per la pace e l'armonia nel mondo. Amma parla frequentemente del potere della preghiera di gruppo. Durante *Amritavarsham50*, nel quale si radunarono centinaia di migliaia di persone, disse che sebbene ognuno di noi sia come una picola candela, quando ci riuniamo a pregare per la pace e il benessere di tutti gli esseri, la nostra luce può illuminare il mondo intero. ❖

# Capitolo 15

# *Sannyasa è una condizione della mente*

*Essere soddisfatti di poco è la saggezza più grande;*
*chi incrementa le proprie ricchezze,*
*aumenta le proprie preoccupazioni;*
*mentre una mente appagata è un tesoro nascosto:*
*non sarai mai visitata dal dolore.*

– Akhenaton, faraone egiziano

Quando si parla di trovare la beatitudine, la gioia o la pace interiore, la maggior parte delle persone ritiene che sia meglio lasciare questi argomenti ai monaci, e che senza vivere in un monastero, o in un ashram, non ci sarà speranza di raggiungere questi stati di appagamento.

Infatti, nei *Cinque versi sulla vita spirituale* di Shankaracharya, si afferma:

nijagṛhāttūrṇaṁ vinirgamyatāṁ

*Lascia la tua casa definitivamente e senza indugio.*

Nel mondo moderno è difficile seguire alla lettera questa indicazione, mentre nei tempi antichi ci si preparava fin dalla giovane età a muoversi verso la rinuncia finale, per lo meno negli ultimi stadi della vita. I Veda dividono la vita umana in quattro *ashrama* (stadi), e in passato si cresceva con la convinzione di doverli attraversare tutti.

Il primo stadio della vita era detto *brahmacharya*, in cui il bambino riceveva un'istruzione in un *gurukula* (collegio tradizionale) dove, accanto alle materie accademiche, il guru educava lo studente sullo scopo dell'esistenza umana: realizzare l'identità con Brahman, l'Assoluto. Lo studente riceveva inoltre tutti gli insegnamenti necessari per condurre una vita armoniosa nel mondo.

Alla fine del suo gurukula, il giovane aveva una scelta: seguire completamente la via spirituale e diventare un *sannyasi* (monaco), o condurre una vita matrimoniale e intraprendere *sannyasa* (vita monastica) più tardi nella vita. Sannyasa era considerato un sentiero desiderabile per tutti, a tempo debito.

Chi sceglieva di sposarsi e avere dei figli, prima di accedere al sannyasa procedeva attraverso due stadi ulteriori. Il primo era chiamato *grihastashrama* e consisteva nella scelta di una carriera, nel matrimonio e nella procreazione. Questo periodo consentiva di soddisfare i desideri individuali, di raggiungere la maturità mentale attraverso l'esperienza e di purificare la mente grazie all'adempimento dei propri doveri e responsabilità, come indicato dalle Scritture. Grazie all'ottima educazione ricevuta durante il periodo di brahmacharya, si usava la discriminazione e quindi si sapeva che i desideri non hanno mai fine e non offrono una felicità permanente. Quando poi i figli erano cresciuti tanto da essere in grado di camminare con le proprie gambe, si era pronti per entrare nel successivo ashrama, chiamato *vanaprastha* (vita nella foresta).

Nello stadio di vita vanaprastha, la coppia si ritirava in un luogo solitario (a quei tempi, solitamente una foresta) e viveva insieme come fratello e sorella. Relativamente affrancati dalle responsabilità e, avendo raggiunto un certo grado di maturità mentale, erano liberi di dedicarsi alle pratiche spirituali. Infine entravano nel sentiero della rinuncia totale – sannyasa.

In questo contesto, possiamo vedere che, dopotutto, l'indicazione di Shankaracharya – *Lascia la tua casa* – non è così drammatica. Era considerato il corso naturale della vita di una persona. Nel mondo moderno però, non essendo preparati ad un tale passo, possiamo interpretare le parole di Shankaracharya in chiave psicologica, secondo un'angolazione differente: pur rimanendo nella nostra casa, possiamo coltivare il distacco interiore.

Anche se fossimo capaci di seguire quel consiglio in senso letterale, avremmo comunque da affrontare i problemi della mente: superare i nostri attaccamenti residui, le attrazioni e le repulsioni, i desideri e le paure.

Amma afferma che il color ocra indossato dai sannyasi rappresenta il consumarsi dell'identificazione col corpo e la mente nel fuoco del distacco. Indica una mancanza di desiderio per le conquiste mondane e l'offerta di tutta la vita alla realizzazione di Dio, o Sé. L'abito è soltanto un simbolo, qualcosa che ci ricorda la meta. Alcuni hanno il distacco di un sannyasi anche senza indossare abiti ocra. Amma veste solo in bianco, ma la sua mente è totalmente distaccata. In definitiva, sannyasa è una condizione della mente. Molti saggi della tradizione indù vissero in famiglia, pur essendo internamente dei sannyasi. Amma dice che il vero significato di sannyasa è distacco interiore.

Una volta, una coppia sposata, nello stadio di vita vanaprastha, stava camminando nella foresta. Scorgendo delle pietre preziose sparse sul terreno, il marito rapidamente le coprì di sabbia col piede. La moglie gli chiese: "Perché le hai coperte?".

"Non volevo che tu le vedessi", confessò il marito. "Temevo che la loro vista potesse causarti un rimpianto per i piaceri del mondo".

"Queste pietre ti sembrano ancora diverse da ogni altro sasso?", gli chiese la moglie.

Amma dichiara che bisognerebbe vivere in questo mondo come del burro che galleggia sulla superficie dell'acqua: pur trovandosi nell'acqua, ne rimane separato, distaccato. Una barca galleggia sull'acqua, ma se questa entra nell'imbarcazione, la fa affondare. Allo stesso modo, Amma dice che vivere nel mondo va bene, ma è il mondo a non dover vivere in noi. Ovviamente Amma sa che non è facile coltivare questo tipo di distacco interiore. Ella sottolinea il fatto che, nella nostra vita, ci appoggiamo sempre a qualcuno per avere aiuto. Da bambini, quando piangiamo, nostra madre ci dà il latte; chiaramente è la cosa da fare, ma da qui ha inizio la nostra dipendenza dal mondo esterno per conforto e sollievo. Da bambini, inoltre, quando vogliamo qualcosa andiamo dalla mamma, che farà il possibile per soddisfare i nostri desideri. Quando cresciamo, passiamo meno tempo con i genitori e, per il benessere e la rassicurazione, cominciamo a dipendere dagli amici. Infine, la maggior parte di noi si innamora, si sposa, ha dei figli e così via. Ho sentito una storia di qualcuno che si è spinto anche oltre in questo ciclo di dipendenza. Suo padre era morto quando lei era molto giovane e, dopo la nascita di un figlio, la donna si recò da una cosiddetta medium che le disse che il padre si era reincarnato nel bambino. A queste parole, corse a casa per dire al suo bambino di sei anni: "Papà, sono così felice che tu sia tornato!".

Alcune persone ritengono che distacco significhi mancanza d'amore. In verità, è solo perché Amma non è attaccata a nessuno che è in grado di provare un uguale amore per tutti. Se amiamo qualcuno, sviluppiamo subito attaccamento e diventiamo incapaci di sentire lo stesso grado d'amore per gli altri: tutto il nostro amore è per quell'unica persona o, al più, per un ristretto numero di persone.

Amma ha milioni di devoti e li considera tutti suoi figli. In ogni attimo della giornata, da qualche parte nel mondo c'è almeno un devoto che sta attraversando una crisi, o soffrendo per qualche motivo: forse è ammalato, ferito, o ha subito una perdita finanziaria. Quando un figlio ha dei problemi, di solito, la madre diventa molto infelice e non sa pensare ad altro. Se Amma fosse attaccata ai suoi devoti, sarebbe sempre triste al pensiero: "Mio figlio sta soffrendo", e non potrebbe concentrarsi sul lavoro presente o dare felicità a chi si trova davanti a lei. Naturalmente, Amma sente ed esprime tristezza quando i suoi figli soffrono, ma non lascia che l'emozione abbia il sopravvento su di lei. In questo modo, Amma è perfettamente distaccata, ma allo stesso tempo, ci ama tutti in modo incondizionato ed eterno.

La madre biologica può dedicare al massimo tutta la propria vita alla nostra felicità e al nostro benessere; alla fine se ne andrà, rinascerà e avrà una nuova famiglia. Allora, non significheremo più niente per lei: saremo completamente dimenticati. Amma, al contrario, non ci dimenticherà mai: ha promesso di portarci alla meta e per realizzarlo è pronta a rinascere un qualsiasi numero di volte.

Dobbiamo cercare di vivere e amare in modo simile. Amma afferma che l'amore comune è come uno stagno in cui proliferano i batteri: quando siamo troppo attaccati a qualcuno, spontaneamente sorgono in noi sentimenti di rabbia, risentimento e gelosia. L'amore distaccato, invece, dice Amma, scorre come un fiume. Un fiume non può essere fermato da un masso, o da un ceppo: fluirà su di essi, intorno, sopra o sotto. Anche se proviamo amore e affetto per i figli, i genitori o il coniuge, e facciamo tutto il possibile per il loro bene, dobbiamo ricordare che il nostro vero Sé non sarà mai toccato da ciò che capita loro.

Un giorno, il grande saggio Adi Shankaracharya si imbatté in un *chandala*[1] con quattro cani. Shankaracharya chiese al chandala di farsi da parte per lasciarlo passare.

Senza muoversi, il chandala chiese al saggio: "Che cosa vuoi che si sposti? Questo corpo inerte, o il Sé che dimora all'interno?". Poi continuò: "O Grande Asceta, hai stabilito che l'Assoluto è ovunque, in te e in me. È questo corpo, costituito dai cinque elementi che vuoi tenere a distanza da quel corpo, composto anch'esso dai cinque elementi? O forse vuoi separare la pura Consapevolezza che è presente qui dalla stessa Consapevolezza che è presente lì?".

Shankaracharya riconobbe immediatamente il proprio errore. Inchinatosi al chandala, compose all'istante cinque versi che affermavano che chiunque esibisse una visione così equanime, perfino un chandala, era in verità il suo guru. Quando il saggio ebbe completato i versi, il chandala scomparve, e al suo posto, comparve il Signore Shiva[2].

Nella *Bhagavad Gita*, Sri Krishna spiega:

> vāsāṁsi jīrṇāni yathā vihāya
> navāni gṛhṇāti naro 'parāṇi
> tathā śarīrāṇi vihāya jīrṇānyanyāni
> saṁyāti navāni dehī

*Proprio come ci si spoglia di vecchi indumenti,*
*indossandone di nuovi,*
*così ci si reincarna in nuovi corpi,*
*gettando via quelli vecchi.*

(2.22)

---

[1] Persona di bassa casta, in un determinato momento storico considerata "intoccabile", che si occupava dei cadaveri nel campo di cremazione.
[2] Sebbene la storia venga raccontata in questo modo, taluni credono che in verità fu uno dei discepoli di Shankaracharya a chiedere al chandala di spostarsi.

È l'Atman che anima il nostro corpo. Noi diciamo "mia cara sorella", o "tesoro mio", ma se il nostro caro muore, continueremo a chiamare il suo corpo "tesoro"? In verità è l'Atman che amiamo, non il corpo, altrimenti, quando l'anima lascia il corpo, continueremmo ad amare il corpo, cosa che non accade, perché bruciamo o seppelliamo il cadavere il più presto possibile. Un verso di un bhajan che Amma canta frequentemente (*Manase Nin Svantamayi*) dice:

> ētu prāṇa prēyasikkuveṇḍi yitratayellāṁ niṅgaḷ
> pāṭupeṭunnuṇḍo jīvanveṭinnupōlum
> ā peṇmaṇipōluṁ tavamṛtadēhaṁ kāṇum nēraṁ
> pēṭiccu pinmāṛuṁ kūṭe varukayilla

*Per quale innamorata hai faticato tutto questo tempo,*
*a scapito perfino della tua vita?*
*Anche lei sarà impaurita dal tuo cadavere*
*e non ti accompagnerà dopo la morte.*

Un terzo modo di interpretare l'affermazione di Shankaracharya, "Lascia la tua casa", è intendere 'casa' col significato di 'corpo', e cercare quindi di sviluppare gradualmente un sentimento di distacco verso di esso e i suoi bisogni. Questa può sembrare un'impresa impossibile, ma mahatma come Amma dimostrano chiaramente che l'essere umano ne ha la capacità. Non è raro per Amma dare il darshan per venti ore di seguito senza neppure alzarsi per sgranchirsi le gambe. Da giovane, cacciata di casa dai genitori, ha vissuto per diversi anni all'aperto, sotto la pioggia battente o il sole cocente. Una volta è sopravvissuta per sei mesi nutrendosi solo di acqua e foglie di tulasi. Anche quando i primi brahmachari vennero a stare all'ashram, Amma non si preoccupava di dove si sarebbe stesa per dormire. Talvolta dormiva sotto un albero di cocco, talvolta dietro la stalla che era stata trasformata nel primo tempio dell'ashram, talvolta sulla sabbia lungo il canale. Per lei non era un problema: meditava o cantava bhajan fino a tarda notte e poi si adagiava ovunque le capitasse di trovarsi in quel momento.

Ancora oggi, Amma non dà particolare attenzione ai bisogni del corpo perché non vede il suo Sé confinato in esso, ma lo percepisce dappertutto. Proprio come il cielo visto da una finestra non è limitato dalla cornice della finestra, così Amma non è legata dal suo corpo.

Attualmente diamo troppa importanza al corpo e gli vogliamo risparmiare ogni difficoltà. Se, per esempio, le gambe cominciano leggermente a dolerci mentre sediamo in meditazione, non pensiamo di fare lo sforzo di restare seduti, ma desideriamo alzarci. Amma afferma che anziché adorare l'Atman, noi adoriamo il corpo; perfino per andare alle cerimonie religiose al tempio, ci trucchiamo e indossiamo dei bei vestiti. In un altro bhajan (*Uyirayi Oliyayi*), Amma ha scritto:

rudhirāsthi māṁsattāl paritāpa durggandha puriye saṁrakṣikkunnu

*Proteggendo questa città deplorevole (il corpo)*
*che puzza di sangue e ossa e carne...*
*puliamo soltanto la superficie del corpo,*
*ignorando il suo Signore.*

Amma non dice di rinnegare il corpo, poiché esso è il nostro veicolo sul sentiero della realizzazione di Dio e come tale va conservato in modo adeguato, ma di ricordare che il corpo è lo strumento, non il fine.

Molti anni fa, stavo guidando l'auto di Amma durante un tour del sud India. Gli altri automezzi dell'ashram erano molto indietro e Amma mi chiese di fermarmi per aspettarli. Erano circa le quattro del pomeriggio di una giornata molto calda. Con l'auto ferma, cominciammo tutti a sudare. Notando che gocce di sudore stavano apparendo anche sulla fronte di Amma, le chiesi il permesso di accendere il condizionatore. Amma rispose: "No, sarebbe una debolezza. Non si muore di certo per un po' di sudore: se non si è capaci di superare piccoli disagi come questo, come si può sperare di affrontare situazioni più spiacevoli?".

Forse non siamo in grado di trascendere la coscienza del corpo, ma dovremmo educarci a superare per lo meno le coppie di opposti: caldo e freddo, comodità e disagio, ecc. Ciò non significa che col freddo intenso non si debbano indossare abiti caldi, ma che bisognerebbe conoscere i propri limiti e impegnarsi a trascendere le coppie di opposti entro tali limiti, senza farsi influenzare troppo dalle situazioni esterne. D'estate ci lamentiamo che è molto caldo, d'inverno, che è troppo freddo, durante il monsone, che piove troppo. Se non smettiamo di lamentarci così, quando mai saremo in pace? Impariamo a sopportare almeno i piccoli inconvenienti.

Molti pensano che diventare un rinunciante significhi non avere più responsabilità. Proprio prima dell'inizio della guerra del Mahabharata, Arjuna chiese a Sri Krishna, che fungeva da suo auriga, di portare il carro al centro del campo di battaglia. Qui, Arjuna ispezionò l'accampamento nemico e vide schierati contro di lui molti dei suoi parenti stretti e perfino il proprio maestro di tiro con l'arco. Arjuna pensò: "Come posso uccidere tutte queste persone? Sarebbe meglio che diventassi sannyasi". I suggerimenti che Sri Krishna gli diede in quell'occasione costituiscono il testo della *Bhagavad Gita*. Dopo aver ricevuto il consiglio divino di Sri Krishna, Arjuna fu capace di compiere il proprio dovere – andare in guerra contro gli iniqui Kaurava – con un atteggiamento distaccato.

Una volta, un uomo con tre figli invitò un sannyasi a casa sua. Dopo avergli dato delle offerte, l'uomo cominciò a parlare col sannyasi dei propri figli.

"Il più grande è un uomo d'affari molto capace", si vantò. "Sotto di lui, l'azienda ha prosperato tanto che ha dovuto raddoppiare lo staff. Il secondo lavora in un'altra compagnia, e si impegna talmente che i profitti sono triplicati".

"E il suo terzo figlio?", chiese educatamente il sannyasi. La vera ragione dell'invito del padre divenne allora chiara.

"È un idiota buono a nulla", confessò l'uomo mestamente. "Ha fallito pietosamente ogni tentativo intrapreso. In verità, mi chiedevo se non potrebbe prenderlo con sé e farne un suo discepolo".

Come Arjuna fu tentato di fare, anche altri cercano rifugio nella rinuncia, spinti dalla disperazione, o per sfuggire ai problemi della vita, e altri ancora pensano che solo i falliti debbano diventare rinuncianti. Entrambe le interpretazioni sono errate. La rinuncia non è per persone pigre, o che vogliono evitare le responsabilità, ma per chi ha un sincero desiderio di realizzare la Verità e ha compreso che gli agi, le conquiste e le relazioni del mondo non lo aiuteranno a raggiungere il suo scopo.

Amma racconta il seguente aneddoto per illustrare il vero significato e il potere del sannyasa. Una volta, un ricercatore spirituale avvicinò un mahatma itinerante e gli chiese che cosa significasse essere un sannyasi. Il mahatma non rispose, ma lasciò cadere immediatamente il fagotto che portava, e continuò a camminare. Non soddisfatto da questa risposta, il ricercatore rincorse il mahatma, gridando: "Aspetti! Non ha riposto alla mia domanda!".

In risposta, il mahatma si girò, tornò indietro verso il fagotto e se lo rimise sulla spalla. Rimanendo in silenzio, continuò a camminare.

L'insistente ricercatore seguì il mahatma e lo pregò di spiegare il significato delle sue azioni. Alla fine, il mahatma si fermò e disse: "Lasciare cadere il fagotto significa rinunciare all'attaccamento a tutti gli oggetti e le persone del mondo. Riprenderlo, significa prendere il peso del mondo sulle proprie spalle: solo chi ha distacco può davvero servire il mondo".

Essere distaccati non deve significare per forza ritirarsi completamente dal mondo e dai suoi affari. Amma fa l'esempio di un banchiere o di un cassiere di banca: manipolano più contanti in un solo giorno di quanti non ne guadagneranno in tutta la vita, eppure non sentono alcun attaccamento per il denaro, perché non gli appartiene. Allo stesso modo, un chirurgo opera centinaia di pazienti all'anno e fa del suo meglio per migliorare la salute e salvare la vita di ognuno di loro. Consiglia e consola i loro cari, ma non sente attaccamento verso nessuno. Altrimenti, la sua vita sarebbe molto infelice e logorata dall'ansia e dal senso di colpa. Quando interagiamo con persone a noi care, dobbiamo cercare di mantenere un'attitudine di distacco. Come il banchiere o il medico, facciamo del nostro meglio per aiutare gli altri e portare felicità nella loro vita senza diventare troppo attaccati o dipendenti. In questo modo, svilupperemo lo stato mentale del sannyasi pur restando nel mondo, adempiendo così alle nostre responsabilità, occupandoci dei nostri amati senza sacrificare la pace interiore.

## Capitolo 16

# *Non fermatevi finché la meta non sarà raggiunta!*

*E la derisione non avrà potere
contro coloro che ascoltano l'umanità
o coloro che seguono le orme della divinità,
perché essi sono eterni.*

— Kahlil Gibran

C'è un aneddoto sul poeta Rabindranath Tagore. Una notte, stava leggendo a lume di candela sulla sua casa galleggiante. In realtà non avrebbe avuto bisogno di accendere il lume poiché la luna piena illuminava il cielo e le acque che circondavano il poeta, ma egli, completamente assorto nel libro, non se n'era reso conto. La notte era pervasa da una profonda immobilità, rotta solamente ogni tanto dal fruscio delle ali di un uccello che passava sopra la sua imbarcazione, o dal suono dell'acqua mossa da un pesce balzato in superficie.

In fine, stanchissimo, decise di spegnere la candela. Inaspettatamente, fu colpito dalla bellezza della natura intorno a sé. Il debole scintillio dorato della candela aveva nascosto i brillanti raggi d'argento della luna. Un pesce balzò fuori dall'acqua ed egli lo osservò mentre si rituffava. Alcune nuvole bianche si allontanavano nel cielo riflettendosi sulla superficie dell'immobile acqua argentata.

"Che stupido sono stato!", mormorò Tagore fra sé e sé. "Stavo cercando la bellezza in un libro e intanto essa bussava alla mia porta, aspettando che la facessi entrare! Cercando la bellezza alla luce di una candela, ho tenuto lontano il chiaro di luna!".

Fu proprio così che Tagore realizzò che la debole e tremolante luce dell'ego ci impedisce di bagnarci nella brillante luce di Dio. Tutto quello di cui abbiamo bisogno è soffiare sulla candela dell'ego, uscire dalla gabbia dei nostri desideri egoistici e vedere la bellezza di Dio in tutta la sua gloria.

Circa venti anni fa, un occidentale arrivò all'ashram. Un giorno, stavamo mangiando tutti insieme nella piccola sala da pranzo e dopo il pasto, io presi il piatto di Amma e mi recai in cucina per lavarlo. In India, di solito, laviamo i piatti fuori dalla cucina, perché i piatti in cui abbiamo mangiato sono considerati impuri fino al successivo lavaggio, e la cucina dove si prepara il cibo, invece, deve rimanere pura. Questo occidentale, vedendomi lavare il piatto di Amma, si avvicinò per lavare anche il suo. Gli spiegai gentilmente che i piatti devono essere lavati fuori dalla cucina e che io stavo lavando solamente il piatto di Amma. Egli rispose che preferiva lavare in cucina anche il suo. Di nuovo gli chiesi di uscire, spiegandogli che Amma era il nostro guru, non una persona comune, che si trovava sempre nello stato di coscienza dell'Assoluto, e che per questo era consentito lavare il suo piatto in cucina. Rispose bruscamente: "Anch'io sono l'Assoluto, che differenza c'è fra lei e me? Laverò qui il mio piatto!". Questa brusca reazione fu una chiara indicazione della sua immaturità e del suo egoismo; sebbene affermasse: "Io sono Brahman", in realtà era saldamente identificato con il corpo, la mente e l'intelletto.

Amma dice: "La sottigliezza della Verità non può essere compresa e assimilata senza l'aiuto della pratica spirituale". Ripetere "io sono Brahman", senza compiere le pratiche necessarie per assimilare tale verità, equivale a essere come l'uomo che diceva di vederci benissimo anche nel buio più fitto.

"Se è così", gli chiese qualcuno, "perché qualche volta ti vediamo portare un lume, mentre cammini per strada?".

"Solo per evitare che gli altri mi vengano addosso!", dichiarò pronto l'uomo.

Amma racconta di un pandit che ripeteva continuamente: "Io sono Brahman, io sono Brahman", finché qualcuno osò pungerlo da dietro con uno spillo. Furioso, il pandit cominciò a picchiare e a offendere il "colpevole".

Per contro, c'è un aneddoto molto conosciuto su Sadashiva Brahmendra, un mahatma che compose il bel canto *"Sarvam Brahmamayam"*, ovvero "Tutto è Brahman". Questo saggio del Tamil Nadu, figura estatica, camminava per strada sempre nudo, la mente persa nell'estasi del Sé. Un giorno entrò nel palazzo del re mentre questi aveva riunito la corte ed era circondato da tutti i suoi nobili. Il sovrano, scambiando il mahatma per un poveraccio, considerò la sua nudità come un insulto alla corona e gli ordinò di coprirsi, ma il mahatma non batté ciglio, e ancor meno fece uno sforzo per coprirsi! Non si rendeva affatto conto di ciò che gli accadeva intorno.

Vedendo che Sadashiva Brahmendra non obbediva ai suoi ordini, il re gli bloccò la strada, estrasse la spada e tagliò di netto un braccio al santo. Il sovrano era certo che non avrebbe mai dimenticato quella lezione, ma il mahatma capì solo di non poter proseguire in quella direzione, e voltandosi tranquillamente cominciò a camminare in senso opposto.

Quando il re vide la reazione del cosiddetto derelitto al suo violento assalto, capì che aveva appena attaccato un mahatma. Sconvolto dal proprio errore, pensò fra sé e sé: "Come sovrano è mio dovere proteggere i sudditi e invece ho appena assalito uno dei migliori". Con l'intenzione di punirsi togliendosi la vita, il re inseguì il mahatma con il braccio amputato in una mano e la spada nell'altra. Raggiuntolo, si inchinò ai suoi piedi, li strinse, e pianse fiumi di lacrime, singhiozzando forte.

L'intenso rimorso del re riuscì a catturare l'attenzione di Sadashiva Brahmendra, cosa che non era riuscito a fare il suo attacco di spada. "Cosa ti turba?", chiese al re.

Il re raccolse il braccio reciso del saggio e glielo porse, dicendo: "O Benedetto, perdona questo stupido ignorante che ha arrecato un danno così grave a Tua Santità!".

"Nessuno ha causato danno e nessuno è stato danneggiato", rispose il mahatma. Così detto, accettò il braccio che il re gli porgeva e si accinse a riattaccarlo al corpo. Passò l'altra mano sulla ferita e il suo corpo ritornò integro all'istante. Non si tratta di una favola – tutto questo accadde 200 anni fa, circa al tempo della Rivoluzione Americana, e negli annali del Tamil Nadu sono riportati i racconti di molti testimoni oculari. Alla fine si trattò di un punto di svolta nella vita sia del mahatma sia del re: il re abdicò per sposare una vita di rinuncia, e il mahatma smise di vagabondare per evitare che, attaccandolo, altri acquisissero inconsciamente *papa* (demeriti o peccati). Chiaramente, l'affermazione del saggio: "Ogni cosa è Brahman", non era di sole parole, ma una sua esperienza inconfutabile.

Ugualmente, quando Amma afferma: "Io sono Amore; un flusso d'amore ininterrotto scorre da me verso tutti gli esseri", non si tratta di mere parole – lo si può vedere riflesso in tutte le sue azioni. Durante il darshan, il suo corpo sopporta ogni sorta di sforzo fisico. Le persone la stringono, si appoggiano a lei, si inginocchiano sui suoi piedi, ma Amma non si arrabbia con loro e non esprime mai nemmeno il dolore o il disagio che esse le provocano, per paura che si sentano in colpa o ferite. Amma dona il darshan a migliaia di persone ogni giorno, e tutte, fino

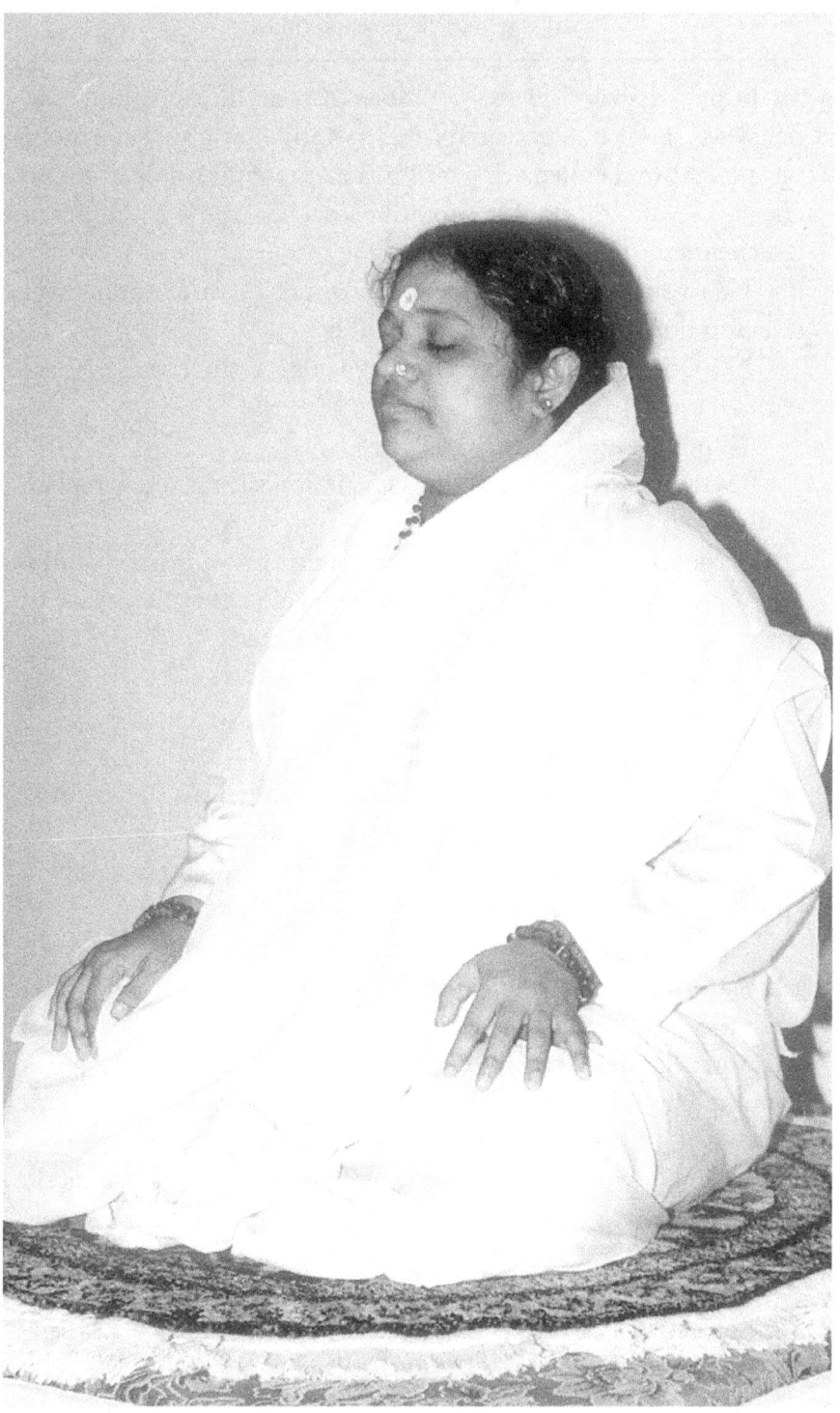

all'ultima, ricevono lo stesso amore. Amma dice che ogni suo pensiero, parola e azione sgorga dallo straripante amore che prova per noi. Amma è piena di gentilezza e amore persino per coloro che la volevano morta. Questo dimostra che Amma è stabilita in ciò che dice: "Io sono Amore".

Una volta, un uomo chiese ad Amma: "Amma, dopo aver ricevuto il mantra da te, che devo fare?".

"Ripetilo regolarmente con devozione e sincerità", rispose Amma.

"E poi?", chiese ancora l'uomo.

"Svilupperai una certa capacità di concentrazione", replicò Amma.

"E dopo, cosa accadrà dopo?", insistette nuovamente l'uomo.

"Sarai in grado di ritirare la mente da ciò che ti circonda e di meditare a lungo", rispose Amma con pazienza.

"E poi?".

"Potrai raggiungere il samadhi[1]".

"Ma cosa succederà in seguito?".

"Prima raggiungi quel livello", gli disse Amma, "poi ritorna e potrai porre altre domande sulle fasi successive".

Quest'uomo aveva solo curiosità intellettuali circa la vita spirituale, ma possedeva scarsa intenzione di praticare.

Amma afferma che uno dei fattori più importanti per un ricercatore spirituale è il desiderio bruciante di realizzare la Verità. Se un uomo ha i vestiti in fiamme, non chiederà a un passante: "E adesso cosa faccio?"; ma correrà verso l'acqua, sporca o pulita che sia, non ha importanza. Dobbiamo avere la stessa sensazione di urgenza, il bruciante desiderio di conoscere Dio. Un atteggiamento tiepido non ci aiuterà a progredire. Il desiderio per la liberazione è come nuotare controcorrente in un fiume. Tutti gli altri desideri spingono continuamente nella direzione

---

[1] Stato trascendentale nel quale si perde il senso dell'identità individuale.

della corrente: la mente non ci permette mai di essere immobili. Quando si cerca di sedere in silenzio senza muoversi, la mente si rivolta, protestando: "Perché stare qui fermo quando ci sono così tante cose interessanti da fare e da godere? Non fare lo stupido, alzati!". La mente non sopporta di essere controllata e quando si cerca di farlo, resiste e si rivolta.

Un cavallo con i paraocchi potrà guardare solo davanti a sé. In modo simile, come ricercatori spirituali non dobbiamo lasciarci distrarre da ciò che ci circonda ma mantenere la mente fissa sulla meta. Solo coltivando *lakshya bodha* (la ferma intenzione di raggiungere lo scopo) potremo essere costanti nella ricerca e ogni nostra azione diventerà una sadhana.

Non possiamo affermare che questo sia impossibile: se guardiamo attentamente, vediamo che abbiamo già la capacità di rimanere consapevoli e focalizzati su un obiettivo particolare. Per esempio, c'è una devota che viene spesso ai miei programmi in una determinata città dell'India e che aveva l'abitudine di ridere in modo incontrollato anche alla minima battuta. Una sera, durante un mio discorso, però, notai che non rideva affatto nonostante le molte cose spiritose che dicevo, e ciò continuò per alcuni giorni: qualunque fosse l'argomento, la donna conservava sempre un aspetto molto serio. Incuriosito dal cambiamento, quando mi capitò per caso di passarle vicino, l'ultimo giorno del programma, mi fermai per chiederle cosa le fosse successo. Spiegò che aveva appena messo la dentiera e temeva che, ridendo, le sarebbe caduta. Sebbene avesse voluto ridere alle mie battute, mi disse, si era controllata perché aveva paura di creare una situazione imbarazzante. Voleva evitare che le cadesse la nuova dentiera, e quindi riusciva a trattenersi dal ridere. In modo analogo, Amma dice che possiamo esercitare un notevole grado di disciplina se siamo consapevoli della meta spirituale della vita e vogliamo sinceramente raggiungerla.

A proposito dell'importanza di una regolare routine della pratica spirituale, Amma dice: "È come la sveglia al mattino. C'era un tale che era solito alzarsi ogni giorno alle 8:00. Una volta, doveva presentarsi a un colloquio di lavoro alle 10:00 e per arrivare puntuale era necessario svegliarsi alle 4:00. Puntò la sveglia e in questo modo fu in grado di alzarsi alle 4:00. La sveglia aiuta ad aumentare la nostra consapevolezza. Analogamente, abbiamo bisogno di norme e regole di base proprio come un bambino che frequenta le scuole elementari ha bisogno dell'orario scolastico. Lentamente saremo in grado di ottenere il controllo della mente".

Amma ci fa l'esempio seguente. Prendete una tavoletta di legno e immergetela nell'acqua. Ogni volta che ritornerà alla superficie, spingetela nuovamente sotto. Non appena mollerete la presa, il pezzo di legno ritornerà in superficie. Il legno non rimarrà sott'acqua, ma nel ripetere l'azione con costanza, svilupperete i muscoli. Allo stesso modo, anche se durante le prime fasi della pratica spirituale non riusciamo a concentrarci, l'attenerci a una routine ci aiuta a disciplinare la mente e a mantenerci sul sentiero giusto.

Ritenendo di non aver fatto progressi, a volte interrompiamo la nostra sadhana e magari pensiamo: "Non so ripetere il mantra con concentrazione, perché dovrei continuare?"; o forse speriamo di fare qualche esperienza durante la meditazione e ci scoraggiamo quando invece non succede nulla di spettacolare. Questo atteggiamento non è corretto, dobbiamo invece perseverare nei nostri sforzi. Amma fa l'esempio del nuotare controcorrente: probabilmente non riusciremo ad avanzare molto velocemente, o addirittura per niente, ma se smettiamo di sforzarci, potremo addirittura essere trascinati via. Allo stesso modo, se non altro, la sadhana ci evita di annegare completamente nelle nostre tendenze negative e nei desideri egoistici.

Un devoto di Amma, residente all'ashram da molti anni, scoprì di non essere capace di controllare il proprio brutto carattere. Chiese ad Amma il permesso di fare voto di silenzio per un anno, passando la maggior parte del tempo in meditazione e Amma acconsentì. Per tutto l'anno, sebbene ogni tanto perdesse la pazienza, non poté arrabbiarsi o mettersi a gridare con nessuno, per non rompere il voto di silenzio. Passato l'anno, però, ricominciò a parlare e fu subito chiaro che il suo carattere non era cambiato molto. Dopo essere stato rimproverato duramente da quest'uomo, un residente dell'ashram si lamentò con un brahmachari: "Per un anno intero non fatto altro che sviluppare la pazienza e la gentilezza, ma ha fallito anche in questo. A cosa è servito questo *tapas* (austerità)?".

Il brahmachari, tuttavia, decise di vedere il lato positivo: "Ma almeno per un anno non ha dato fastidio a nessuno!".

Amma dichiara che la vita spirituale può essere paragonata a un volo di lunga percorrenza: l'aereo non sembra viaggiare ad alta velocità, ma dopo alcune ora si atterra in un paese lontano migliaia di chilometri. Non bisogna preoccuparsi della mancanza di concentrazione, per lo meno si raggiungerà l'*asana siddhi*[2]. Quando non si riesce a meditare o ripetere il mantra, si può leggere un libro spirituale. La cosa più importante è coltivare una disciplina, rimanere seduti in meditazione per un determinato tempo ogni giorno. La nostra sadhana deve essere costante e regolare, non basta praticare solo ogni tanto.

Dubitare che la realizzazione del Sé sia possibile rappresenta il maggiore ostacolo nella vita di un aspirante spirituale. La sera prima di raggiungere la liberazione, il Buddha si sedette ai piedi dell'albero del bodhi con il fermo intento: "Anche se questo corpo

---

[2] Letteralmente, "perfezione nella postura seduta", *asana siddhi* è il terzo degli otto gradini verso la liberazione descritti negli Yoga Sutra di Patanjali. I primi due sono *yama* e *niyama*, ovvero le regole e i divieti della vita spirituale.

dovesse rinsecchirsi e morire di stenti, non mi muoverò da qui finché la saggezza suprema non dimorerà in me". Swami Vivekananda era solito esortare i suoi discepoli: "Alzatevi! Svegliatevi! Non fermatevi finché la meta non sarà raggiunta!". Analogamente Amma ci incoraggia a essere tenaci nello sforzo e a non perdere mai la speranza, non importa quanti ostacoli incontriamo. "Lungo il sentiero spirituale ci possono essere molte cadute, ma quando si cade la cosa importante è non rimanere stesi a terra, accettando la situazione. Bisogna alzarsi e sforzarsi di procedere. Qualunque fatica compiuta sul sentiero spirituale non andrà perduta. Realizzare l'unione con Dio può prendere tutta la vita – addirittura *molte* vite. Bisogna solo continuare a provare. Non c'è altro modo, tutti intraprenderanno il sentiero spirituale, prima o poi. Giunti davanti a un ostacolo, bisogna superarlo".

Dal cielo cadono pioggia e neve. Questa pioggia e questa neve diventano un fiume, che scende dalle montagne trascinando le molte cose incontrate lungo il suo corso e che alla fine si fonde nell'oceano. Se incontra un grande ostacolo, un masso enorme per esempio, il fiume può scorrere sopra di esso, o deviare di poco il proprio corso, ma diretto sempre verso l'oceano.

Il flusso della vita non è accidentale: proprio come il fiume, esso ha una sorgente e una meta. La fonte di tutta la vita è la Pura Coscienza, e lo scopo del viaggio della vita è realizzare la nostra unità con il Sé Supremo. I molti oggetti estranei, come rifiuti, tronchi alla deriva e sabbia, che sono trascinati dal fiume, non costituiscono la vera natura del fiume: servono solamente a rallentare il suo corso. Analogamente, durante il viaggio della vita, acquisiamo abitudini, sentimenti feriti, ricordi e desideri i quali non fanno parte della nostra essenza e che dovremo lasciare andare prima di raggiungere la meta.

# Capitolo 17

# *Una speranza per il mondo*

*"Il mondo deve sapere che è possibile una vita dedicata all'amore incondizionato e al servizio dell'umanità".*

– Amma

Un naufrago, che aveva passato molti anni su un'isola deserta, fu estasiato un giorno nel vedere una nave al largo e una piccola scialuppa di salvataggio che si stava avvicinando. Quando questa raggiunse la spiaggia, l'ufficiale in servizio si diresse verso il naufrago e gli consegnò un plico di giornali con queste parole: "Il capitano ha detto di aprirli e leggere le ultime notizie – poi facci sapere se vuoi ancora essere salvato!".

Durante gli ultimi due anni, l'impegno di Amma a fornire aiuti umanitari è diventato più grande che mai. Ciò è stato dettato in larga parte dal periodo in cui stiamo vivendo: Amma sta facendo del suo meglio per alleviare le sofferenze delle vittime dei disastri naturali in varie parti del mondo. Nell'estate del 2005, le Nazioni Unite hanno attribuito all'ashram di Amma lo Status di Consulente Speciale, a riconoscimento delle sue opere di vasta portata ed estrema efficacia nei vari settori del servizio sociale.

Prima del tramonto, il giorno dello tsunami asiatico del 2004, Amma stava già fornendo cibo, riparo e assistenza medica a migliaia di vittime disperate. Molti lettori sono certamente già al corrente che subito dopo il disastro, Amma si impegnò a fornire

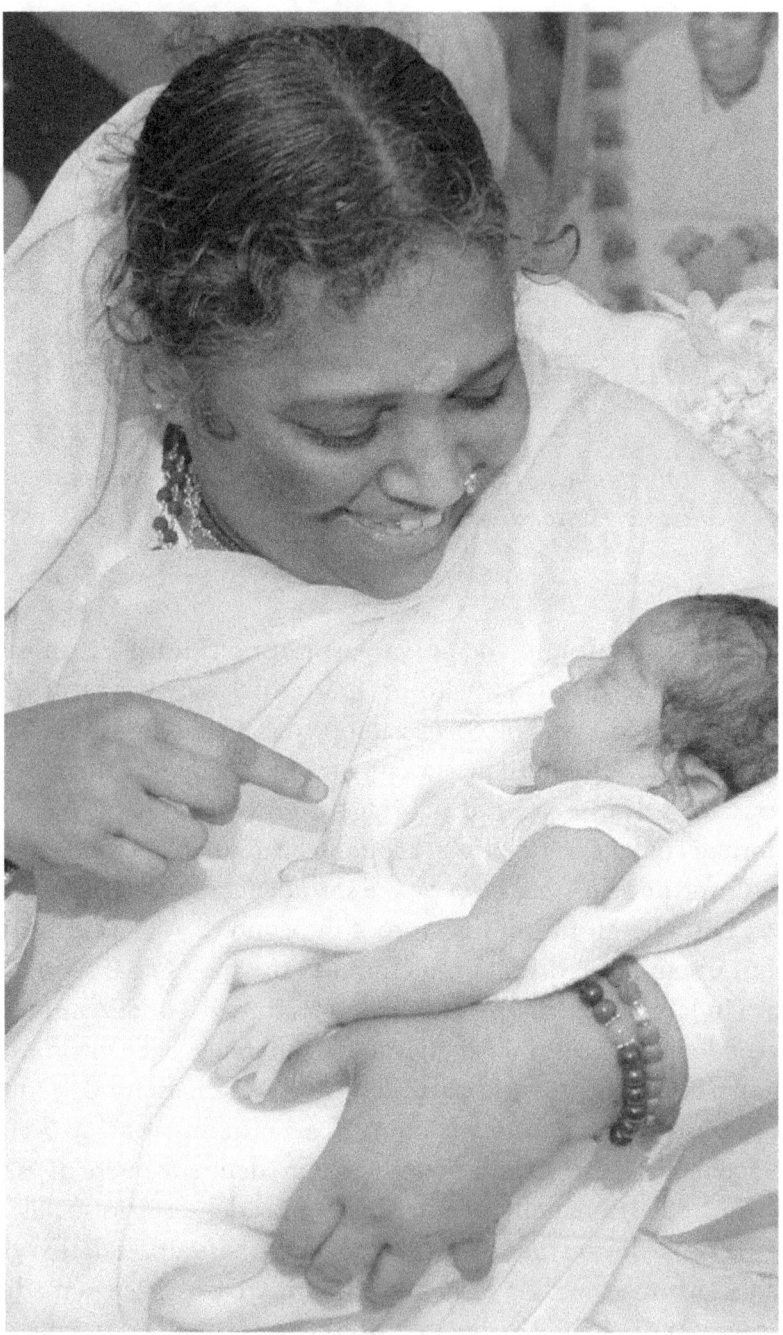

Dopo lo tsunami, l'ospedale dell'AIMS di Amma ha eseguito un'operazione di riapertura delle tube per sette madri che avevano perso i figli nella tragedia, e che in precedenza si erano sottoposte alla legatura delle tube. Amma tiene tra le braccia uno dei nuovi nati..

opere di soccorso per un valore di 23 milioni di dollari, gran parte dei quali destinati alla costruzione di 6.200 case per le vittime dello tsunami rimaste senza tetto sulle coste dell'India, dello Sri Lanka e delle Isole Andamane. Tuttavia, i dati tecnici del governo per la costruzione delle case furono definiti solo dopo che Amma aveva già annunciato i dettagli del suo programma di soccorso; divenne subito evidente che i costi finali sarebbero raddoppiati rispetto a quelli previsti inizialmente. Nessun sostegno finanziario sarebbe arrivato dal governo o da altre organizzazioni caritatevoli o religiose, ma Amma non aveva intenzione di sottrarsi alla parola data e si assunse il compito di iniziare da zero, cercando nuovi modi di tagliare i costi senza compromettere l'integrità delle case.

A tale scopo, durante il tour americano del 2005, prima e dopo il darshan, telefonava continuamente in India per dare istruzioni su come ridurre i costi dei materiali e superare gli ostacoli che i suoi discepoli incontravano nel lavoro. Qualche volta telefonava perfino durante il darshan: appoggiando il capo di qualcuno sulla sua spalla, parlava al microfono ai supervisori edili suggerendo dove comprare la sabbia, il cemento, la ghiaia, e come rifornirsi dell'acqua di cui avevano bisogno. In alcuni luoghi, le strade erano così sconnesse che i brahmachari e le brahmacharini dovettero ripararle prima di essere in grado di trasportare il materiale necessario. Durante la stesura di questo libro, 4.000 delle 6.200 case promesse sono già state completate e consegnate ai beneficiari, e la costruzione delle rimanenti è a buon punto.

Alcuni giornalisti hanno chiesto: "Amma è ricca? Da dove prende i soldi per fare tutto questo?".

La risposta è che Amma non è affatto ricca materialmente, ma in termini di compassione, amore e conoscenza, è infinitamente ricca. Amma dice che qualunque cosa abbia compiuto è stata resa possibile solo grazie al duro lavoro dei suoi figli. Amma non chiede mai donazioni, offre programmi gratuiti ovunque vada e per avere il suo darshan non si paga. Amma spiega che prima di iniziare un progetto per il quale si sente ispirata, non perde mai tempo a calcolare se sia realizzabile o no dal punto di vista finanziario. Ogni volta che Amma sente il bisogno, si impegna ad aiutare, e per grazia divina le risorse necessarie si materializzano sempre.

Alcuni dei fondi utilizzati per le opere di soccorso dell'ashram in seguito allo tsunami, o altre calamità, erano in realtà già stati messi da parte per altri progetti che Amma aveva pianificato di iniziare più avanti. Amma afferma che il futuro non è nelle nostre mani, solo il momento presente lo è. Ella pensò dunque di dover spostare la sua attenzione da quei progetti alle opere di soccorso calamità, perché era il bisogno urgente del momento. Una volta soddisfatti completamente i bisogni delle vittime dei disastri naturali, ella si rivolgerà nuovamente ai progetti prefissati in precedenza.

C'è un antico aneddoto giapponese su un adepto Zen di nome Tetsugen. Ai suoi tempi, i *sutra* (aforismi) buddhisti erano disponibili solo in cinese e così Tetsugen decise di pubblicarli in giapponese. Si trattava di stampare, su tavole di legno, 1681 copie del libro in un'edizione di 7334 volumi ciascuna: un'impresa ciclopica!

Tetsugen iniziò viaggiando e raccogliendo donazioni per il suo scopo. Alcuni simpatizzanti gli donarono somme enormi, ma la maggior parte delle volte riceveva solo monetine. Egli ringraziava ogni donatore con eguale gratitudine. Dopo dieci anni Tetsugen aveva finalmente raccolto il denaro necessario al suo compito.

Un giorno accadde che un fiume straripò e a ciò seguì una grande carestia. Senza il minimo ripensamento, Tetsugen prese i fondi che aveva raccolto per il libro e li usò per salvare il prossimo dalla fame. Poi ricominciò a raccogliere i fondi da zero.

Molti anni dopo, nel paese scoppiò un'epidemia e Tetsugen spese nuovamente tutto quello che aveva raccolto per procurare le medicine agli ammalati.

Iniziò la raccolta per la terza volta e solo vent'anni dopo, nel 1681, riuscì finalmente a realizzare il suo sogno. Le tavolette di stampa della prima edizione dei sutra giapponesi sono in esposizione nel monastero di Obaku a Kyoto.

Si dice che i buddhisti giapponesi raccontino ai loro figli che Tetsugen completò tre serie di sutra e che le prime due, invisibili all'occhio umano, superino per valore la terza che è esposta nel monastero.

Alla fine degli anni ottanta, l'ashram aveva incominciato a crescere nel numero di residenti e di visitatori che arrivavano ogni giorno per il darshan, perciò si decise di costruire una sala più grande. A quei tempi l'ashram era molto povero e i devoti donavano quello che potevano per coprire il costo dei materiali da costruzione. In quello stesso periodo, Amma fu contattata dagli amministratori di un orfanotrofio locale che stava attraversando difficoltà finanziarie e non era in grado di fornire un'assistenza di qualità ai bambini che ospitava.

Informata della situazione, Amma decise di trasferire i fondi destinati alla costruzione della nuova sala per il darshan, per subentrare nella gestione dell'orfanotrofio. Quando i brahmachari di Amma vi arrivarono, nel maggio del 1989, l'edificio era molto danneggiato e le condizioni di vita erano disperate. Il cibo era carente di vitamine e minerali indispensabili e non c'era latte per i bambini. La sala da pranzo era piccola, scura e con un pavimento sporco che, sempre allagato durante la stagione monsonica, costringeva i ragazzi a mangiare in piedi. Il soffitto di molte stanze era crepato e i pavimenti erano irreparabilmente danneggiati a causa di anni di allagamenti. Non c'erano attrezzature mediche e molti problemi di salute dei piccoli erano rimasti senza cure. Non c'erano gabinetti funzionanti.

Ora l'orfanotrofio è stato completamente ricostruito e si dà importanza a tutti gli aspetti delle necessità dei ragazzini, ai loro interessi e aspirazioni. L'orfanotrofio di Amma ospita anche una scuola eccellente dove i bambini hanno la possibilità di imparare fluentemente, oltre al malayalam, anche il sanscrito e l'inglese, e di terminare l'istruzione secondaria. Alcuni di loro proseguono gli studi.

Mi chiedevo spesso che cosa avrebbe provato nel visitare oggi l'orfanotrofio qualcuno che ci aveva vissuto prima che Amma se ne assumesse la responsabilità. Durante il tour europeo del 2005, un ragazzo malayali di 29 anni, che viveva nei Paesi Bassi dal 1985, venne ad incontrare Amma.

L'orfano aveva 9 anni quando una coppia olandese lo aveva adottato, insieme alla sorella, dall'orfanotrofio di Parippally, portandolo a vivere in Olanda nel 1985, quattro anni prima che l'ashram di Amma iniziasse a occuparsi dell'orfanotrofio.

Quando il giovane orfano, ormai adulto, decise di venire al darshan di Amma, non aveva la minima idea che ella si stesse occupando dell'orfanotrofio in cui era cresciuto. Lo scoprì solamente durante il programma, leggendo le informazioni sulle attività caritatevoli dell'ashram. Vedendo le foto della struttura come è oggi, naturalmente non riconobbe il luogo, ma il nome del piccolo paese del Kerala dove si trova tuttora l'orfanotrofio non lasciò spazio a dubbi. Osservando le fotografie di una casa amorevole che fornisce un alto livello di assistenza e istruzione, l'uomo rimase senza fiato. Quello che per lui era stato un inferno si era trasformato in un paradiso per coloro che erano arrivati dopo di lui. Ma non era troppo tardi per questo giovane, il paradiso era arrivato anche in Olanda.

"Grazie Amma", sussurrò l'orfano ormai cresciuto, mentre si abbandonava al tenero abbraccio di Amma. "Ho ricordi così brutti del periodo trascorso in quell'orfanotrofio. Mi sento così felice nel sapere che lo hai rilevato e trasformato. Adesso vedo uno scopo dietro alla perdita dei miei genitori e al mio arrivo in Olanda. Era destino. È stato così che oggi ho potuto conoscere Amma".

Tutte le attività umanitarie di Amma sono state risposte spontanee ai bisognosi. A metà degli anni novanta Amma fu avvicinata da un gruppo di donne di un paese vicino che le confidarono di vivere in capanne di paglia. Alcune di loro vivevano con figlie nubili e una di queste ragazze era appena stata assalita da un malintenzionato. In mancanza di porte per chiudere il loro povero alloggio, non avevano modo di proteggere dal pericolo se stesse e i figli, soprattutto le ragazze. La risposta di Amma fu l'inizio della costruzione di case gratuite vicino all'ashram e nel 1996 l'inaugurazione del progetto di case gratuite Amrita Kutiram. Attualmente sono state costruite più di 30.000 case del progetto che ne comprende 125.000.

Quando altre famiglie dissero ad Amma che non potevano affrontare il costo della vita a causa di disabili in famiglia o di altre difficoltà, ella inaugurò il progetto pensionistico Amrita Nidhi che distribuisce attualmente più di 50.000 pensioni in tutto il Paese.

Simili sono le iniziative riguardanti la salute; in Kerala, la lista d'attesa per un'operazione al cuore era così lunga che nel frattempo molti pazienti morivano, anche se erano in grado di pagare l'operazione. Ora, molte migliaia gli ammalati vengono da Amma come ultima speranza ed ella risponde alle loro preghiere. Diverse sedi staccate dell'ashram in tutta l'India gestiscono dispensari medici gratuiti. L'ashram di Amma ad Amritapuri ospita un ospedale caritatevole che cura migliaia di persone ogni settimana. C'è un ospedale oncologico vicino a Bombay, un centro per l'AIDS a Trivandrum, e un ospedale per gli abitanti dei villaggi tribali sulle colline delle regioni più settentrionali del Kerala. I programmi di assistenza comunitaria vanno da visite a domicilio per i malati terminali, a campi di assistenza neurologica e trattamenti gratuiti per epilessia e diabete. L'AIMS (Istituto Amrita per le Scienze Mediche e Centro di Ricerca), l'ospedale super specialistico di Cochin, in Kerala, 1.200 posti letto, fornisce assistenza di qualità a tutti, indipendentemente dalla disponibilità economica.

L'orfanotrofio è stato l'inizio del lavoro umanitario di Amma su larga scala, ma se osserviamo da vicino i numerosi servizi caritatevoli offerti dal Mata Amritanandamayi Math, ci accorgiamo che non sono altro che l'estensione di quello che Amma ha sempre fatto sin dalla sua fanciullezza: prendersi cura degli anziani, dei poveri, degli abbandonati e dei sofferenti.

Per quanto questa rete di iniziative si espanda, Amma rimane saldamente disponibile per coloro che hanno più bisogno del suo amore e della sua compassione. Nel mezzo di tutti i traguardi raggiunti, Amma non ha mai smesso di dare il darshan. Anche se deve rimanere alzata tutta la notte a leggere lettere, tenere incontri e parlare al telefono, trascorre le sue giornate a occuparsi in prima persona dei suoi figli. Ispirate dal suo esempio, migliaia di persone si dedicano al servizio dei poveri, degli ammalati, dei disperati, moltiplicando così le sue mani.

Alcuni possono chiedersi come Amma sia riuscita fare tanto in un periodo di tempo così limitato. Parte della risposta sta nel fatto che grazie all'incomparabile esempio di Amma, i suoi volontari si sentono naturalmente più ispirati e motivati di altri. Un membro di una ONG del Tamil Nadu, che stava controllando le operazioni di soccorso post-tsunami, ha ammesso con stupore che, fra le decine di organizzazioni che operavano in quel luogo, quella di Amma era la più efficiente ed efficace. Un'altra parte della risposta consiste nel modo in cui Amma spende i soldi che riceve: l'amministrazione delle opere umanitarie di Amma si svolge quasi interamente su base volontaria, perciò la burocrazia è relativamente limitata. Oltre a ciò, Amma è sempre stata attenta a ridurre al minimo gli sprechi dell'ashram e di tutte le sue altre istituzioni, dal pugno di riso all'attrezzatura elettronica ad alta tecnologia. Nella maggior parte delle istituzioni di dimensioni simili si notano tanti sprechi e spese inutili, ma Amma ha impresso una forte etica di conservazione in tutta la sua organizzazione: nessuno vuole prendere per sé più di quello che gli serve, ricordando da dove viene il denaro e a chi è destinato. Nessuno getta via ciò che può essere usato o riutilizzato.

Recentemente uno dei residenti dell'ashram ha comprato alcune attrezzature elettroniche per la sezione multimediale dell'ashram. Quando Amma ha scoperto il costo, gli ha chiesto se l'acquisto fosse realmente necessario; gli ha poi chiesto di tenere un diario e di sottoporle settimanalmente un resoconto dettagliato indicante per quanto tempo al giorno avesse utilizzato ciascuna macchina.

Niente sfugge all'attenzione di Amma, nemmeno il dettaglio più insignificante. Durante il tour americano del 2006, un giorno, dopo il darshan del mattino nell'ashram di San Ramon in California, Amma deviò dal suo consueto percorso per passare attraverso la cucina della casa dove alloggiava con gli swami e alcuni residenti. Quando fu accanto a un bidone di rifiuti, si fermò e vi introdusse le mani. Una persona del gruppo cercò di fermarla, dicendo: "Non ti preoccupare, Amma, non c'è nulla dentro".

"Come lo sai?", gli chiese Amma, e tirò fuori un bel pezzo di pane. Esaminandolo, disse: "Chi l'avrà gettato via? Dobbiamo ricordarci che molte persone non hanno da mangiare tanto neppure in un'intera giornata. Soprattutto in un ashram, non bisogna mai buttare via il cibo".

Quando l'Università Amrita di Amma iniziò a crescere, ella venne a sapere che nella sala da pranzo gli studenti sprecavano molto cibo. Non appena ebbe l'occasione di parlare in massa agli studenti, sollevò il problema; nel giro di un solo giorno, i rifiuti diminuirono drasticamente.

Amma ci ha sempre detto: quando gettate via del cibo, ricordatevi dei milioni di bambini che quel giorno non hanno fatto neppure un pasto. Quando spendete denaro per cose non necessarie, ricordate chi soffre atrocemente perché non può permettersi nemmeno un analgesico. Inoltre, Amma sottolinea che bisogna ricordare da dove provengono i soldi dell'ashram. Per esempio, ci sono alcuni devoti che lavorano in una cava di granito a circa 300 chilometri a nord dell'ashram e che non hanno denaro sufficiente nemmeno per raggiungere l'ashram senza difficoltà. Eppure, non appena ricevono la loro paga settimanale, si precipitano all'ufficio postale prima della chiusura. Quando il loro capo chiede perché vadano così di corsa, rispondono: "Vogliamo dare una percentuale del salario ad Amma!".

Alcuni anni fa, una coppia povera proveniente da un altro distretto del Kerala raggiunse l'ashram con un grosso sacco di riso tra le braccia. Alcuni brahmachari aiutarono i due a portare il sacco di riso e li condussero al darshan di Amma. Donando il riso ad Amma, dissero: "Possediamo una rivendita di biglietti della lotteria con la quale riusciamo a vivere miseramente, tuttavia abbiamo sempre avuto il sogno di partecipare in qualche modo alle attività di servizio sociale di Amma. Perciò, negli ultimi tre mesi abbiamo lavorato più ore e deciso di rinunciare a un pasto al giorno per realizzarlo. Sebbene desiderassimo vedere Amma, ci siamo trattenuti in modo da non spendere tutti i soldi per il viaggio, altrimenti non avremmo avuto nulla da offrire. Dopo mesi di risparmi abbiamo messo da parte abbastanza. Sulla strada per l'ashram ci siamo fermati per acquistare un sacco di riso. Per favore, Amma, puoi usare questo riso per nutrire i poveri?".

Ascoltando la loro storia, gli occhi di Amma si riempirono di lacrime. Il servizio non è solo per i ricchi, anche i relativamente poveri possono fare qualcosa per i meno fortunati. Mi ricordo di una bella storia nel romanzo epico *Ramayana*, che Amma racconta spesso per illustrare questa verità.

Quando Sri Rama scoprì che la sua amata Sita era stata rapita dal re dei demoni Ravana e portata sull'isola di Lanka, per salvarla decise di costruire un ponte fino a Lanka, partendo dalla punta più meridionale dell'India. La mole più grossa di lavoro fu svolta dall'esercito di scimmie di Sri Rama, guidato dal suo grande devoto, Hanuman. Tuttavia, le scimmie non furono sole nei loro sforzi. Mentre il Signore supervisionava i progressi della costruzione, notò che uno scoiattolo andava avanti e indietro dal ponte alla spiaggia, passando tra le gambe delle scimmie che portavano sulle spalle enormi blocchi da aggiungere al ponte. Guardando con maggiore attenzione, Sri Rama vide che i movimenti del piccolo scoiattolo non erano senza scopo: prima di raggiungere la terra ferma, lo scoiattolo si immergeva nell'oceano, si gettava poi sulla spiaggia per rotolarsi nella sabbia. Poi correva di nuovo verso il cantiere e scuoteva il corpo, depositando la sabbia sul ponte. Svolgeva questo rituale senza sosta, in centinaia di viaggi avanti e indietro. Le scimmie erano irritate dalla presenza dello scoiattolo e cercavano continuamente di mandarlo via a calci. Alla fine una di loro urlò: "Che cosa stai facendo?".

"Sto aiutando a costruire il ponte per salvare Sita Devi!", rispose lo scoiattolo.

Tutte le scimmie scoppiarono in una sonora risata: "Gentile a provarci, piccoletto", gli dissero. "Ma come pensi di poterci aiutare? Guarda che massi grandi stiamo portando!".

"È vero che non posso trasportare tanto quanto voi, ma faccio ciò che posso. So che il compito del Signore è nobile e voglio fare del mio meglio per servirlo".

Le scimmie ignorarono lo scoiattolo e continuarono il proprio lavoro. A fine giornata, corsero a raccontare i loro progressi a Sri Rama, che però non sembrava interessato ad ascoltarli. Chiese, invece, che gli fosse portato lo scoiattolo. "Cosa potrà volere il Signore da quell'inutile animale?", si chiesero, ma non si azzardarono a disobbedire. Quando gli portarono lo scoiattolo, il Signore lo prese e lo tenne amorevolmente in mano. "Non vi rendete conto, mie care scimmie, che senza la sabbia depositata nelle fessure fra i vostri blocchi, il ponte crollerebbe? Non disprezzate mai la debolezza e le azioni di coloro che non sono forti come voi. Ognuno agisce in base alle proprie capacità e nessuno è inutile". Il Signore accarezzò la schiena dello scoiattolo con tre dita, tracciando le strisce che adornano ancora oggi la schiena degli scoiattoli, eterno ricordo dell'amore e dell'attenzione speciali che Dio nutre per i piccoli e i deboli.

Amma ha sempre dichiarato che non sono solo i beneficiari delle attività caritatevoli a trarre un vantaggio; chiunque si impegni in una fase del processo ha guadagni spirituali, materiali, o entrambi. Per esempio, i devoti di Amma confezionano diverse cose – oggetti di artigianato, collanine, cartoline augurali, ghirlande di fiori – e gliele offrono. Poiché non si aspettano ricompense per questo lavoro, esso diventa *karma yoga*[1]. Amma benedice i loro doni e altri devoti li acquistano come prasad. Amma consiglia e guida coloro che distribuiscono il denaro tramite i progetti umanitari dell'ashram per assicurarsi che raggiunga realmente chi ne ha bisogno. In questo modo, ricevono *punya*, o meriti, sia coloro che hanno lavorato per realizzare materialmente gli oggetti, sia coloro che li hanno acquistati, perché il denaro viene utilizzato per servire chi ne ha necessità. Contemporaneamente, i

---

[1] Letteralmente, karma significa "azione" e yoga significa "unione" e si riferisce all'unione dell'anima individuale con l'Anima Suprema; in questo senso, karma yoga significa raggiungere quell'unione tramite l'azione disinteressata.

destinatari traggono beneficio dal denaro – l'assistenza di Amma spesso li aiuta a ricominciare a vivere. Per finire, chi distribuisce il denaro sviluppa maggiore consapevolezza e discriminazione. Amma dice che se non si agisse in questo modo, sarebbe come eseguire l'*archana* (adorazione) senza sincerità e devozione – un semplice spostare fiori da un luogo a un altro. Ma utilizzare il denaro in modo consapevole per portare aiuto a chi ne ha più bisogno, è adorazione. Come dice Amma: "Dio non è seduto su un trono dorato nell'alto dei cieli. Dio è presente in ogni essere e in ogni oggetto della creazione. Aiutare i poveri e i bisognosi in qualsiasi modo possibile è vera adorazione di Dio".

Durante i primi giorni del tour americano del 2006, una bambina di sette anni, di nome Amritavarshini, proveniente da Eugene, in Oregon, venne al darshan di Amma e, avvicinandosi, le mise una ghirlanda al collo. La ghirlanda non era fatta di fiori, ma di dollari – 200 per essere precisi – tutti i risparmi della piccola.

Quando Amma la strinse, la bambina si mise a piangere e le consegnò una lettera che aveva scritto in quei giorni con l'aiuto della mamma.

> *Cara Amma,*
> *Come possiamo curare i malati in tutto il mondo? Come far capire a tutti che in realtà siamo un'unità armoniosa e che dobbiamo smettere di bombardarci gli uni con gli altri? Come fare per rimuovere il razzismo e la schiavitù? Tutto questo mi addolora moltissimo. Per favore, dona questi soldi al mondo che è malato. Per favore, prenditi cura di tutti gli ammalati e dei poveri.*
> *Con amore,*
>
> *Amritavarshini*

Amma disse alla bambina e a sua madre di sedere accanto a lei. "Perché piangi?", chiese Amma alla bambina.

Cercando di trattenere le lacrime, la piccola disse: "Voglio portare pace nel mondo".

La madre raccontò che circa una settimana prima, arrivando a casa, aveva trovato Amritavarshini in lacrime. La piccola aveva spiegato che piangeva per la schiavitù, le guerre, le malattie e la povertà nel mondo. La bambina aveva poi detto alla madre di voler donare tutti i soldi del suo libretto di risparmio ad Amma per sostenere le sue opere umanitarie. La madre aveva ritirato tutti i soldi, meno la cifra minima di quaranta dollari, necessaria per mantenere aperto il conto, ma Amritavarshini volle che si desse ad Amma anche quella somma.

"I bambini come lei sono la speranza del mondo", disse Amma asciugando le lacrime di Amritavarshini. "Dobbiamo inchinarci e prostrarci ai piedi di bambini così. Sono i bambini come lei che cambieranno il mondo... Che i suoi desideri innocenti possano avverarsi".

## Capitolo 18

# *Elevarsi nell'amore*

*Gli esseri umani, bisogna conoscerli per amarli;*
*ma gli esseri divini, bisogna amarli per conoscerli.*

– Blaise Pascal

L'agricoltore, anche quando vuole fare una coltivazione differenziata, si concentra in primo luogo sul terreno, sapendo che è il substrato e il fattore decisivo per la crescita di ogni tipo di coltura. In modo analogo, Amma ci ricorda che qualunque sia l'azione in cui siamo impegnati, dovremmo sempre cercare di ricordare l'Essere Supremo. Con questo in mente, alla fine della meditazione, ella spesso ci chiede di pregare che ogni nostra azione diventi un'adorazione della Madre Divina.

> *O Madre Divina,*
> *che ogni mia parola sia a tua lode,*
> *che ogni mia azione sia per adorarti,*
> *che ogni cibo di cui mi nutro sia un'offerta a te,*
> *che ogni mio respiro sia accompagnato*
> *dal dolce ricordo di te,*
> *che ogni mio passo mi porti sempre più vicino a te,*
> *che ogni luogo in cui riposo diventi un inchino*
> *ai tuoi piedi di loto.*

Amma dice che il modo migliore per trasformare ogni nostra azione in adorazione è quello di compierla con amore. Ella parla per esperienza diretta, poiché vedendo la divinità in ogni persona o oggetto del creato, l'amore di Amma satura ogni suo pensiero, parola e azione. È l'amore che le dona una concentrazione perfetta e che trasforma ogni suo atto in adorazione. Come regola, l'intensità dell'attenzione e la qualità dell'azione sono direttamente proporzionali all'amore che proviamo per l'oggetto in questione. Per esempio, mentre guardiamo un film interessante ci immedesimiamo completamente, dimentichiamo quello che ci circonda e persino i nostri bisogni corporei, ma se il film è brutto, ci agitiamo sulla sedia e ci sembra che duri un'eternità.

Dopo essere stato lasciato, un uomo chiese alla sua ex di restituirgli tutte le sue lettere d'amore: "Ti ho già restituito l'anello", protestò la donna. "Credi che possa usarle per perseguirti legalmente?".

"Certo che no", la rassicurò l'uomo. "Solo che ho pagato un tale venticinque euro per scriverle e magari le potrò riutilizzare".

Vi siete mai chiesti perché "innamorarsi" in inglese si dica "cadere" (in inglese "falling", NdT) nell'amore invece di "elevarsi" nell'amore? Quando "cadiamo innamorati", il nostro attaccamento eccessivo e il nostro senso di possesso verso l'oggetto del nostro affetto ci fanno perdere la discriminazione e prendere decisioni improvvise di cui in seguito ci pentiremo. Nel nostro amore c'è sempre un elemento di attaccamento egoistico, e la persona di cui siamo innamorati è spesso a sua volta attaccata a noi (e se non è così, ecco un altro motivo di sofferenza). Invece, quando si ama un vero maestro spirituale, anche se all'inizio l'amore è imperfetto, pieno di aspettative e di attaccamento, egli ci aiuterà a trasformarlo in amore incondizionato e altruistico. Invece di "cadere nell'amore", il maestro ci aiuterà a elevarci nell'amore fino alle vette della realizzazione del Sé.

## Elevarsi nell'amore

Amma dice: "Attualmente, il mondo crede che il rapporto più importante sia quello fra un bambino e sua madre. Nel mio mondo non è così: è il rapporto fra guru e discepolo. Quando si comprende la spiritualità, ci si espande, si perde il senso di 'mio'. *Mia* madre, *mio* padre, il *mio* bambino, i *miei* parenti… Nella relazione fra guru e discepolo ogni cosa diventa 'Tuo' (del Signore). L''io' scompare, e solo l'Atman esiste. Ama e servi gli altri come fossero il tuo stesso Sé. Se la mano destra soffre, la sinistra va in suo aiuto e la consola. È con questa attitudine che bisogna vivere".

Alcuni anni fa, mentre Amma si trovava a Ginevra per ricevere il Premio Gandhi-King per la Non-Violenza e per parlare al vertice della conferenza delle guide spirituali femminili, si tenne un evento all'aperto durante il quale si chiedeva a ciascun partecipante di reggere una candela e mantenere una determinata posizione sul prato in modo che il gruppo, visto dall'alto, formasse la parola "pace". Tuttavia, non appena Amma scese dal palco, i suoi devoti la circondarono, facendo diventare la "a" un groviglio incomprensibile. Amma li incoraggiò caldamente a rimanere nei posti loro assegnati, ma si trattava di un'istruzione alla quale non riuscivano proprio a obbedire! Ovunque andasse, non potevano fare a meno di seguirla. Gli altri partecipanti, ovviamente, rimasero al proprio posto formando lettere perfette mentre Amma sembrava avere uno folto cerchio di corpi intorno a sé. All'inizio, il coordinatore dell'evento era un po' frustrato e gridava disperato: "Ragazzi, ragazzi, stiamo cercando di scrivere una parola!".

Ma presto capì che per i devoti di Amma l'attrazione di starle vicino era più grande di quella di partecipare all'evento, così, alla fine, si arrese e decise di accettare la realtà dei fatti. "Bene", suggerì brillantemente, "visto che i cerchi sembrano piacervi tanto, perché non formate il punto alla fine della parola?". Sentendo ciò, Amma scoppiò a ridere e guidò giocosamente i suoi figli in coda alle altre

lettere. Al termine dell'evento, un giornalista che quel pomeriggio aveva osservato lo svolgimento dei fatti, chiese ad Amma: "Ma queste persone la venerano?". Amma scosse dolcemente la testa e indicando ognuno di loro, rispose: "No, è il contrario, è Amma che venera loro!".

Nessuno o niente è insignificante per Amma: la sua compassione è come l'oceano, che si slancia a toccare i piedi di chiunque sia abbastanza benedetto da trovarsi davanti a lei. Durante il tour del nord India del 2006, la macchina di Amma si imbatté in un ubriaco che barcollava proprio nel mezzo della strada. Amma disse al brahmachari al volante di fermarsi. L'ubriaco superò la macchina, ondeggiando avanti e indietro. Quando passò davanti all'auto dell'ashram ferma dietro a quella di Amma, andò a sbatterci contro con forza, prima di proseguire nel suo cammino.

Amma lasciò che l'autista riprendesse a guidare, ma dopo una decina di metri gli disse di fermarsi di nuovo; aprì la portiera, scese in strada e chiamò uno dei brahmachari che si trovavano nell'altra macchina: "È completamente ubriaco, fallo spostare dalla strada, e assicurati che si sieda da qualche parte. Trova qualcuno che si prenda cura di lui". Il brahmachari fece marcia indietro per occuparsi dell'ubriaco seguendo le istruzioni di Amma.

Shankaracharya, nel *Soundarya Lahari*, afferma: "Che i tuoi occhi che vedono lontano, socchiusi come un loto blu che inizia a sbocciare, possano inondare con la tua grazia persino un essere insignificante e distante come me. Proprio come i raggi rinfrescanti della luna si posano in modo uguale sul palazzo e sul deserto, tu non subirai perdite, o Shive (Madre Divina, sposa di Shiva), ma questo essere sarà veramente benedetto".

L'anno scorso, durante il tour europeo, Amma trascorse una notte nel suo nuovo ashram in Germania prima di recarsi in Finlandia. Ex allevamento di cavalli, il centro si trova sulla cima di una collina e offre una magnifica vista del villaggio vicino e di verdi pascoli, dove i cavalli possono correre in libertà. Al mattino, prima della partenza verso l'aeroporto, Amma uscì per trascorrere un po' di tempo con i residenti del centro e per nutrire i cavalli. Era una mattinata chiara e luminosa.

Dopo aver dato da mangiare ai cavalli, Amma rientrò per distribuire il prasad ai residenti e agli altri devoti che si erano radunati.

"Ieri sera, Amma pensava di poter trascorrere l'intera giornata con voi", disse ai devoti, spiegando che ignorava di dover partire prima di mezzogiorno per il suo volo diretto in Finlandia. "Amma aveva progettato di fare tante cose insieme a voi, oggi: servire il pranzo, cantare i bhajan, fare una passeggiata, meditare all'aperto…".

"Darci la liberazione…", aggiunse un devoto sorridendo. Il commento era stato fatto in tono scherzoso, ma Amma, come al solito, diede una risposta profonda.

"Tutto ciò che Amma fa è a quello scopo", disse. "Trascorrendo il suo tempo con le *gopi* (pastorelle) di Vrindavan, giocando con loro, scherzando con loro, rubando il loro latte e burro, Sri Krishna stava in realtà rubando i loro cuori. Quando Amma passa del tempo con voi, fa lo stesso. Pone in voi una perla speciale, in modo che possiate ricordarla ovunque andiate, qualsiasi cosa facciate.

"Di solito quando iniziamo un compito lungo e difficile, ci sentiamo tesi per tutto il tempo e ci dona un po' di pace solo il pensiero che alla fine ci riposeremo. Donando ai devoti dei bei ricordi, nel profondo essi penseranno sempre ad Amma, qualunque cosa facciano". Amma aggiunse che i ricordi dei momenti trascorsi con il guru sono per il discepolo attimi di pace e riposo. Spiegò poi che nel sentiero dell'*advaita* (non-dualismo), si cerca di vedere il mondo intero come un'estensione di sé, e che nel sentiero della *bhakti* (devozione), si cerca di considerare il mondo intero come l'amato Signore o come il guru. I due sentieri non sono dissimili; si tratta solo di due modi leggermente diversi di guardare alla stessa cosa. "Nel mondo attuale, la gente corre per ascoltare conferenze sul Vedanta, ma qui cerchiamo di *vivere* il Vedanta", disse Amma, riferendosi a come ella incoraggi i suoi devoti a servire il mondo, considerandolo come un'estensione di Amma, o come un'estensione del proprio Sé.

"In realtà, il rapporto guru-discepolo è la relazione fra il *jivatman* e il *Paramatman*, ovvero il sé individuale e il Sé Supremo: in verità sono la stessa cosa. Dalla riva, un fiume sembra avere due sponde separate, ma sul fondo, in realtà, esse sono una cosa sola. Una volta tolta l'acqua (l'ego), realizzeremo questa verità".

Arrivò poi il momento in cui Amma dovette partire per la Finlandia. La scena di Amma che si allontanava lentamente in auto dalla proprietà, ricordava esattamente quella che si verifica quando lascia Amritapuri in Kerala: abbassò i finestrini e sporse fuori la mano in modo da sfiorare quelle di tutti i devoti che si erano allineati lungo la via.

Grazie al dono di momenti così preziosi da ricordare e contemplare, Amma ha reso la nostra pratica spirituale relativamente facile. Coloro che venerano l'Assoluto senza forma e persino la maggior parte dei devoti di Dio avrebbero difficoltà a ricordare il loro ideale tanto spesso quanto noi ricordiamo Amma. Ogni volta che incontriamo qualcuno vestito di bianco, la nostra mente corre ad Amma e alla profonda pace che sentiamo in sua presenza. Quando ci sediamo a mangiare, ricordiamo i pasti che Amma ci ha servito con le sue mani. Bagnandoci in un lago o in uno stagno, ricordiamo quando nuotavamo con Amma. Se vediamo qualcuno danzare, ci torna alla memoria Amma che danza in estasi; impegnati in un duro lavoro fisico, ricordiamo le volte in cui Amma ci ha guidati in lavori che nessuno voleva fare – dallo svuotare una sala dopo un programma, al portare mattoni e sabbia per tutta una notte. Quando mangiamo una caramella, ci ricordiamo immediatamente dell'abbraccio di Amma.

Subito dopo aver incontrato Amma, mentre ancora lavoravo in una banca molto distante dall'ashram, ogni volta che vedevo un'auto targata Kollam (il distretto in cui vive Amma), o degli autobus che andavano a Kollam, pensavo ad Amma e mi dimenticavo di me stesso. Tante piccole cose ci possono ricordare di lei… ecco il vantaggio di avere un maestro vivente. Se buttiamo una pietra nell'acqua, affonderà, ma se prima la posiamo su un'asse di legno, rimarrà in superficie. Allo stesso modo, se prendiamo rifugio in un maestro spirituale, possiamo adempiere alle responsabilità del mondo senza affondare nelle illusioni, nell'attaccamento e nella relativa sofferenza.

Ora che Amma ha visitato il nuovo centro in Germania, dovunque i devoti poseranno lo sguardo sarà pieno di bellissime perle, memorie della visita di Amma. Amma ha donato perle simili ai suoi figli di tutto il mondo e, sebbene stesse parlando ai residenti del centro tedesco, le sue istruzioni erano rivolte anche a tutti gli altri figli: "Svolgete servizio disinteressato pensando ad Amma e ricordatevi che voi ed Amma non siete due entità separate, ma nell'essenza siete un'unica cosa". Per i figli di Amma questo è sia il sentiero che la meta. Già dal primo passo in questo viaggio, iniziamo a gioire di una pace interiore fino a quel momento sconosciuta, e anche il desiderio di raggiungere la liberazione scompare mentre ci eleviamo, proprio come una fenice dalle sue ceneri, senza attaccamenti, senza rimpianti, senza dolore e paura, pieni d'amore per il maestro.

Qualche volta, mentre guidavo accanto ad Amma per lunghi tragitti in India, anziché andare da un posto all'altro, avrei desiderato viaggiare per lo spazio infinito senza mai dover fermare l'auto e allontanarmi da Amma, in modo che non ci fosse mai un'interruzione nel mio servizio a lei. In modo simile, mentre

*Elevarsi nell'amore*

Amma ci prende per mano e ci conduce lungo il sentiero spirituale, molti di noi desiderano che il viaggio non finisca mai.

Possano le benedizioni di Amma essere con noi tutti. ❦

# *Glossario*

**Advaita** – letteralmente: "non due". Si riferisce al non-dualismo, il principio fondamentale del Vedanta, la filosofia spirituale più elevata del Sanatana Dharma.

**agami karma** – i risultati delle azioni che compiamo in questa vita.

**Amrita Kutiram** – il progetto del Mata Amritanandamayi Math per la costruzione di case gratuite destinate a famiglie molto povere. Finora sono già state costruite e consegnate più di 30.000 case in tutta l'India.

**Amrita Vidyalayam** – le scuole elementari fondate e dirette dal Mata Amritanandamayi Math, con lo scopo di fornire un'istruzione basata su valori morali. Attualmente ci sono 50 scuole Amrita Vidyalayam in tutta l'India.

**Amritapuri** – il centro internazionale del Mata Amritanandamayi Math, sito in Kerala, nel luogo natale di Amma.

**Amritavarsham50** – le celebrazioni per il 50° compleanno di Amma, svoltesi a Cochin, in Kerala, nel settembre 2003. È stato un evento di preghiera e dialogo internazionale sul tema: "Abbracciando il mondo per la pace e l'armonia". Ai quattro giorni delle celebrazioni hanno partecipato imprenditori, pacifisti, educatori, capi spirituali, ambientalisti, i più importanti capi politici indiani, artisti e più di 200.000 persone ogni giorno, compresi i rappresentanti dei 191 Paesi facenti parte delle Nazioni Unite.

**arati** – tradizionalmente eseguito verso la fine di un rito di adorazione, consiste nell'ondeggiare della canfora accesa davanti all'oggetto dell'adorazione. L'arati simboleggia l'abbandono:

proprio come la canfora usata nel rituale brucia senza lasciare traccia, così l'ego si dissolverà completamente nel processo di abbandono al guru o a Dio.

**archana** – di solito si riferisce alla ripetizione dei 108 o dei 1000 nomi di una particolare divinità (per esempio il Lalita Sahasranama).

**Arjuna** – un grande arciere che è tra gli eroi del poema epico Mahabharata. Ad Arjuna si rivolge Krishna nella Bhagavad Gita.

**ashrama** – una fase della vita. I Veda dividono la vita in quattro stadi.

**Atman** – il Sé o Coscienza.

**Aum** – (anche "Om") Secondo le Scritture vediche, il suono primordiale dell'universo e seme della creazione. Tutti gli altri suoni nascono da Om e si dissolvono in Om.

**Aum Amriteswaryai Namah** – il mantra che i devoti usano per onorare Amma. Significa: "Rendiamo omaggio alla Dea dell'Immortalità (Amma)".

**avadhuta** – santo il cui comportamento non è conforme alle regole sociali.

**Bhagavad Gita** – il "Canto del Signore". Gli insegnamenti che il Signore Krishna diede ad Arjuna all'inizio della Guerra del Mahabharata. È l'essenza della saggezza Vedica e una guida pratica per affrontare qualunque crisi della vita personale o sociale.

**bhajan** – canto devozionale.

**bhava** – stato d'animo o atteggiamento.

**brahmachari** – discepolo maschio celibe che pratica le discipline spirituali sotto la guida di un maestro (brahmacharini è l'equivalente femminile).

**brahmacharya** – celibato e controllo dei sensi in generale.

**Brahman** – la Verità Suprema al di là di tutti gli attributi; il substrato onnisciente, onnipotente e onnipresente dell'universo.

**darshan** – l'udienza di una persona santa o una visione del Divino.

**Devi** – Dio al femminile, Madre Divina.

**Devi Bhava** – "lo Stato Divino della Devi", quando Amma rivela la sua unità e identità con la Madre Divina.

**dharma** – in sanscrito, dharma significa: "ciò che sostiene (la creazione)", ma più comunemente indica l'armonia dell'universo. Altri significati sono: giustizia, dovere, responsabilità.

**Duryodhana** – il maggiore dei 100 fratelli Kaurava. Usurpò il trono che spettava per legittimo diritto a Yudhishthira, il più vecchio dei fratelli Pandava. Duryodhana rese inevitabile la guerra del Mahabharata a causa dell'odio che nutriva verso i giusti Pandava, e con il suo famoso rifiuto di concedere loro anche solo uno stelo d'erba.

**gopi** – pastorelle di Vrindavan, la città in cui visse Krishna durante l'infanzia. Sue ardenti devote, rappresentano l'amore più intenso per Dio.

**Gita Dhyanam** – letteralmente: "meditazione sulla Gita". Cantati tradizionalmente prima dello studio della Bhagavad Gita, questi versi ne esaltano le glorie.

**gurukula** – letteralmente "la famiglia del guru"; si tratta di scuole tradizionali dove i bambini vivono con un guru che fornisce loro una conoscenza scritturale e accademica, abbinata a valori spirituali.

**japa** – la ripetizione di un mantra.

**jiva o jivatman** – l'anima individuale. In base all'Advaita Vedanta, il jivatman non è infatti solamente un'anima individuale, ma il solo e unico Brahman – detto anche Paramatman, l'anima suprema, che costituisce la causa materiale e intelligente dell'Universo.

**jnana** – la conoscenza.

## Glossario

**karma** – le azioni coscienti, ma anche la catena degli effetti prodotta dalle nostre azioni.

**Kaurava** – i 100 figli del re Dhritharasthra e della regina Gandhari, il più vecchio dei quali era l'iniquo Duryodhana. I Kaurava erano nemici dei loro cugini, i virtuosi Pandava, contro i quali combatterono nella Guerra del Mahabharata.

**Krishna** – la principale incarnazione di Vishnu. Nato da famiglia reale, fu allevato da genitori adottivi e visse come giovane mandriano a Vrindavan, dove fu amato e adorato dai suoi devoti compagni, le gopi e i gopa. In seguito Krishna fondò la città di Dwaraka. Fu amico e consigliere dei suoi cugini, i Pandava, specialmente di Arjuna, che aiutò come auriga durante la guerra del Mahabharata e al quale rivelò i suoi insegnamenti conosciuti come Bhagavad Gita.

**Lalita Sahasranama** – i 1000 nomi della Madre Divina.

**lila** – gioco divino.

**Mahabharata** – Insieme al Ramayana costituisce uno dei maggiori poemi epico-storici indiani. È un grande trattato sul dharma, la cui trama verte soprattutto sul conflitto tra i virtuosi Pandava e i malvagi Kaurava e sulla grande battaglia di Kurukshetra. Scritto intorno al 3.200 a.C. dal saggio Veda Vyasa, con i suoi 100.000 versi è il più lungo poema epico al mondo.

**mahatma** – letteralmente: "grande anima". In questo libro il termine viene usato per indicare chi risiede nella conoscenza di essere tutt'uno con il Sé Universale, o Atman, sebbene sia usato altrove anche con significati più ampi.

**Mata Amritanandamayi Devi** – nome monastico ufficiale di Amma, significa "Madre di Immortale Beatitudine", spesso preceduto da Sri per denotarne il buon auspicio.

**mukti** – letteralmente: "dissoluzione finale di tutte le sofferenze". Si riferisce alla liberazione del jiva (l'anima individuale) dal ciclo di nascita e morte quando il jiva realizza la propria identità come Paramatman (Anima Suprema).

**pada puja** – il lavaggio cerimoniale dei piedi del Guru o dei suoi sandali, per dimostrare amore e rispetto. Solitamente consiste nel versare acqua pura, yogurt, burro chiarificato, miele e acqua di rose.

**papa** – demerito derivante da azioni ingiuste. Il papa accumulato è la causa della sofferenza nella vita dell'individuo.

**Pandava** – i cinque figli di Re Pandu, eroi del poema epico Mahabharata.

**prarabdha** – i frutti delle azioni delle vite precedenti che siamo destinati a sperimentare nella vita attuale.

**prasad** – l'offerta benedetta ricevuta da un santo, o in un tempio, spesso sotto forma di cibo.

**puja** – culto ritualistico o cerimoniale.

**punya** – il merito ottenuto grazie a giuste azioni. Il punya accumulato è la fonte della felicità nella vita dell'individuo.

**Rama** – l'eroe divino del Ramayana, incarnazione del Signore Vishnu, considerato l'ideale del dharma e della virtù.

**Ravana** – potente demone. Vishnu si incarnò nella forma del Signore Rama con lo scopo di ucciderlo e riportare l'armonia nel mondo.

**rishi** – i veggenti realizzati o saggi, capaci di percepire i mantra nelle loro meditazioni.

**sadhana** – la pratica spirituale.

**Sadhana Panchakam** – letteralmente: "Cinque versi sulla vita spirituale". Durante gli ultimi giorni della breve vita di Adi Shankaracharya, i suoi discepoli gli chiesero un riassunto dei princìpi spirituali delle Scritture del Sanatana Dharma. In risposta, dalle labbra del loro maestro uscirono spontaneamente i versi del Sadhana Panchakam. Il testo comprende cinque versi composti ciascuno da quattro righe. Ogni riga contiene due istruzioni o consigli. Considerato nell'insieme, il testo è come una scala di 40 gradini che portano al regno di Dio.

**samadhi** – letteralmente "cessazione di tutti i movimenti mentali", stato trascendentale nel quale il sé individuale si unisce con il Sé Supremo.

**samsara** – il ciclo di nascita e morte.

**sanchita karma** – la totalità dei risultati delle azioni di tutte le nostre precedenti incarnazioni.

**Sanatana Dharma** – "l'eterna via della vita", il nome originale dell'Induismo.

**sannyasi** – un monaco che ha preso voti formali di rinuncia (*sannyasa*). Tradizionalmente un sannyasi veste abiti color ocra che rappresentano il consumarsi di tutti i desideri. L'equivalente femminile è *sannyasini*.

**Soundarya Lahari** – i versi di Shankaracharya che descrivono la "bellezza estatica" della Devi.

**satguru** – letteralmente "vero maestro". Tutti i satguru sono mahatma, ma non tutti i mahatma sono satguru. Il satguru, pur sperimentando la beatitudine del Sé, sceglie di scendere al livello della gente comune per aiutarla a crescere spiritualmente.

**satsang** – la comunione con la Verità Suprema, ma anche trovarsi in compagnia dei mahatma, ascoltare una conversazione o discussione spirituale e partecipare a pratiche spirituali in incontri di gruppo.

**seva** – il servizio disinteressato i cui frutti sono dedicati a Dio.

**Shankaracharya** – il mahatma che con le sue parole ristabilì la supremazia della filosofia non dualistica dell'Advaita, al tempo in cui il Sanatana Dharma era in declino.

**Shiva** – venerato come il primo e principale maestro nel lignaggio dei guru e come substrato senza forma dell'universo, unitamente alla Shakti creatrice. È il Signore della distruzione (dell'ego) nella trinità composta anche da Brahma (il Signore della creazione) e Vishnu (il Signore della conservazione). Tradizionalmente è rappresentato come un monaco dal corpo cosparso di cenere, con serpenti tra i capelli, coperto solo da un perizoma, con una ciotola da mendicante e un tridente in mano.

**Sita** – la sacra consorte di Rama che in India è considerata l'ideale femminile.

**Srimad Bhagavatam** – il testo devozionale che narra le varie incarnazioni del Signore Vishnu, con descrizione particolareggiata della vita del Signore Khrishna. Fu composto dal saggio Veda Vyasa dopo la stesura del Mahabharata.

**tapas** – austerità, penitenza.

**Upanishad** – la parte dei Veda che tratta della filosofia del non-dualismo.

**vairagya** – distacco; soprattutto da ciò che è transitorio, cioè dall'intero mondo visibile.

**vasana** – le tendenze latenti, o i desideri sottili, all'interno della mente, che si manifestano con azioni o abitudini.

**Vedanta** – la "fine dei Veda". Si riferisce alle Upanishad che trattano l'argomento di Brahman, la Verità Suprema, e del sentiero per realizzarla.

**Veda** – le Scritture più antiche; non furono composte da un autore umano, ma "rivelate" agli antichi rishi in stato di profonda meditazione. I mantra che compongono i Veda sono sempre esistiti in natura nella forma di vibrazioni sottili; i rishi raggiunsero uno stato di assorbimento talmente profondo da riuscire a percepirli.

**viveka** – discriminazione, specialmente fra il Permanente e il transitorio.

**Viveka Chudamani** – Il Gran Gioiello della Discriminazione, un testo introduttivo sul Vedanta, scritto da Adi Shankaracharya.

**yagna** – sacrificio inteso come offerta di qualcosa durante il culto, o come azione compiuta per ottenere benefici personali e collettivi.

**yoga** – "unire". L'Unione con il Sé Supremo. In senso più ampio si riferisce anche ai vari metodi pratici con i quali si può raggiungere l'unità con il Divino. Sentiero che conduce alla realizzazione del Sé.

**Yoga Vasishtha** – antico testo che tratta della filosofia del non-dualismo tramite aneddoti. Attribuito per tradizione al saggio Valmiki, autore del Ramayana.

www.ingramcontent.com/pod-product-compliance
Lightning Source LLC
LaVergne TN
LVHW020354090426
835511LV00041B/3044